눈치학개론

센스 있고 깔끔한 태도를 위한 필수 생활 감각!

눈치학 개론

나혼마 지음

프롤로그

세상은 복잡하고 미묘한 사회적 문화적 인간관계로 이뤄졌기 때문에 단순한 논리나 이론만으로는 해결하기 어려운 감정적 상황들이 많다.

이러한 상황에서 필요한 것은 다른 사람의 감정과 생각을 이해하고 그에 맞는 행동을 신속하게 실행하는 능력과 인간관계에서 오는 결과에 대한 반복적인 자존감 단련일 것이다. 이를 한마디로 압축하자면 '눈치'라 할 수 있다.

다시 말해서 눈치는 단순히 상대방의 표정이나 말투를 읽는 기술이 아니라, 보다 빠르게 처한 상황을 파악하고 상대방의 의도를 이해해서 적절한 언행으로 옮겨야 할 때 필요한 지혜임과 동시에 자신을 돌아볼 줄 아는 수양 능력 그리고 건강한 견지 능력이 아닐까 생각한다.

눈치학개론

눈치가 빠른 사람은 주변 사람들과의 관계를 원활하게 유지할 뿐만 아니라, 원하는 것을 이루며, 성공적이면서 평안한 삶을 살아갈 가능성이 높다. 때문에 인간관계를 잘 유지하면서 사회적 성공은 물론이고 흔들리지 않는 멘탈 유지 능력을 배양하고 싶다면 눈치를 익혀두는 게 좋다.

하지만 안타깝게도 눈치는 학교나 학원에서 가르쳐주지 않으며, 부모님조차 가르칠 수 있는 것이 아니다. 그래서 부득이 스스로 경험하고 배우는 과정을 거쳐야 한다. 많은 시간과 노력은 물론이고 감정 소모로 인한 마음의 상처까지 감내하며 각자의 실수를 통해 배울 수밖에 없다.

이에 필자는 《눈치학개론》을 통해서 독자 스스로 눈치에 대한 주체적 이해를 시작으로 타인과의 관계 개선과 스스로의 감정을 보살필 수 있는 방법 그리고 자존감 향상에 도움이 되었으면 하는 바람을 담아 이 책을 펴낸다.

2024년 8월

나혼마

Chapter 3 - 오묘하고 애매한 관계

Chapter 4 - 어쩌면 내가 나를 가장 모를지도!

Chapter 5 - 우리 모두를 위한 눈치

Chapter 1

이미 알고 있다고
생각하는 것에 관하여

닭강정이 주는 인생 조언

✦ · ✦ · ✦

닭강정의 진가를 맛보려면 뜨거운 양념이 식을 때까지 한숨 정도 기다리는 게 좋다.

물엿이 식으면서 튀김옷을 단단하게 만들어주기 때문에 깨물었을 때 바삭거림이 극대화됨은 물론이고 물엿의 달달함 또한 한층 고조되게 만들기 때문이다.

그러니까, 힘든 시간이 오거든 아무 생각 말고 한숨 정도 쉬는 건 당연하다고 여기며 잠시 쉬었다가 다시 덤비는 게 맞다.

10

친구 1 마지막 도전이었는데. 앞으로의 일이 너무 답답하네.

친구 2 (토닥토닥)

친구 3 지금 당장은 네 기분 살피는 데만 신경 쓰자!

친구 4 그래, 걱정한다고 달라질 일도 아니고….

다른 뭔가를 찾는 게 맞는 것 같아.

친구 5 맞아. 이제 겨우 인생 1라운드 뛰었잖아!

잠깐 쉬고 2라운드 뛰러 가면 돼!

친구 6 우리도 네가 어떤 일을 하면 좋을지 좀 알아봐줄게.

오늘만큼은 일단 푹 쉬자!

태양이 높이 뜨면 생기는 현상

✦ · ✦ · ✦

태양이 높이 뜨기 전에는 그림자가 길게 따라다니지만, 너무 높이 뜨면 어느새 그림자는 사라진다.

그러니 항상 곁에 두고 싶은 사람이 있다면 적어도 그 사람에게는 높이 뜬 태양 같은 존재가 되려 하지 말고 따사로울 수 있는 적당한 위치에 떠 있는 태양이 돼라.

친구 1 너 요즘은 남자친구 만나러 간다는 말이 없네?

친구 2 음! 많이 바쁘다고 해서….

친구 3 네 남자친구 요즘 좀 잘나간다더니… 그래서 달라진 건 아니지?

친구 2 뭐 서로 바쁘니까~

친구 4 얼씨구~! 뭔가 있는 거 같은데!

친구 5 야~! 그만 좀 해. 바쁘다잖아!

친구 2 솔직히 일부러 연락 안 해. 바쁜데 부담될까 봐….

친구 6 (토닥토닥)

친구 1 남자친구가 네 심정을 알아야 할 텐데, 걱정이다!

친구 6 맞아! 잘나가더라도 사랑하는 사람한테는 잘나가는 거 필요 없는
        데!

친구 4 뭐가 됐든, 사랑해서 떠난다는 삼류 드라마 멘트는 네가 먼저 하지
        마!

- -

이미 알고 있다고 생각하는 것에 관하여

잘 모르고 있던 용기의 이면

✦ · ✦ · ✦

다칠 수 있는 위험한 상황에서 한 치의 망설임 없이 뛰어들거나, 온몸에 소름이 돋는 공포 속에서 과감히 나서거나, 대의를 위해 자신을 결연히 희생하는 것만이 용기가 아니다.

오히려, 강력하게 중독될 것 같은 유혹이나 자존심을 절대 굽힐 수 없는 순간 앞에서도 감정에 휘둘리지 않고 냉정하게 목표와 목적만을 바라보면서 묵묵히 걸어가는 것도 용기다.

눈치학개론

Episode

친구 1   왜 울어?

친구 2   너무 화나고 열 받으니까, 눈물이 나네.

친구 3   무슨 일이야?

친구 2   내가 만든 프로젝트 제안서의 이름이 팀장님 이름으로 변경돼서 결
　　　　재가 났더라고.
　　　　너무 어처구니 없고 기가 막혀서, 하루 종일 화가 가라앉질 않네. 미
　　　　치겠어. 후~

친구 4   헐! 그런 일이 현실에서도 일어나는구나!(토닥토닥)

친구 5   흠. 그래도 함부로 화 안 내고 잘 참았지?
　　　　넌 똑똑하니까, 조금만 더 참자!

친구 2   후! 지금 내 현실을 아니까, 혀 깨물고 참을 수밖에 없었어.

친구 6   잘했어. 엄청 용기 있고 현명해!
　　　　기회를 잡으려면 참고 기다리는 게 맞아!

친구 1   그래. 잘 참았어. 현실에 딱 맞는 진정한 용기다!

- -

이미 알고 있다고 생각하는 것에 관하여

불행을 과거 탓으로 말하는 사람의 심리

✦ · ✦ · ✦

과거 때문에 현재가 불행하다고 말하는 것은 과거의 고생을 태산으로 만든 후 그 태산을 넘었다는 것을 자랑함과 동시에 지금의 불행을 위로받고자 하는 잔머리에 불과하다.

그러니까, 지난 과거가 대단한 빽*이라도 되는 양 크게 부각시켜서 현재의 불행을 당연히 위로받아 마땅한 것처럼 구걸하지 마라.

* '빽'이란 단어는 '뒤'나 '배경'을 뜻하는 비속어입니다.
일반적으로는 권력이나 돈, 인맥 등 자신이 가지지 못한 능력이나
자원을 가진 사람들을 지칭하는 데 사용됩니다.

친구 1   내가 어쩌다 이런 신세가 됐을까! 흠!

친구 2   네가 뭐 어때서?

친구 1   몇 년 전 우리집 일만 아니었어도… 내가 지금 이렇게까지는 안 됐을
         텐데…. 그때 내 에너지를 다 끌어모아서 쓰고 나니까, 지금이 너무
         힘들다!

친구 3   그래! 그때 네가 애 많이 쓰긴 했지!

친구 4   맞아! 맨날 새벽 시장에 물건 하러 다니면서, 잠을 차에서 자고 그랬
         잖아.

친구 5   야! 그렇다고 지금 느끼는 불행이 과거의 그 일 때문은 아니지!
         그게 언제 일인데, 그러냐?

친구 6   맞아! 내가 봐도 지금의 네 불행은 과거와는 상관없는 것 같은데?
         과거를 자꾸 물고 늘어지는 네 생각이 문제인 거지!

- -

이미 알고 있다고 생각하는 것에 관하여

믿음을 믿을 수 없는 이유

✦ · ✦ · ✦

신념이나 진리처럼 생각하는 믿음이 별것 아닌 이유는, 이성적 판단이라고 굳게 믿고 있다가도 어느새 충격적 진실이 밀고 들어오면 언제 그랬냐는 듯이 쉽게 배신하기 때문이다.

그래서 과거의 믿음을 아무리 견고한 방패로 보호하려 해봐도 지금 머릿속을 파고드는 생각의 칼은 막을 수 없다.

친구 1   네가 그 남잘 믿었던 게 잘못은 아니야!

친구 2   흠!

친구 1   잘못은 그놈이 한 거니까, 네가 널 자꾸 괴롭히지 마!

        하지만 알아야 할 건 있어.

친구 2   그게 뭔데?

친구 1   믿음은 이성적인 게 아니라, 감정적이라는 거.

        그리고 믿음은 현재가 아니라, 과거를 근거로 생긴 마음이라는 거!

이미 알고 있다고 생각하는 것에 관하여

최선의 선택이란

✦ · ✦ · ✦

　세상 사람들 중 후회를 많이 해본 사람과 적게 해본 사람은 있어도 한 번도 안 해본 사람은 없다.

　그러니까 자칫 후회스러움을 느낄 수 있는 선택의 문턱에서는 신중한 결정이 최선의 선택이며, 결정 후에 후회가 찾아온다면 후회하지 않으려고 노력하는 것이 또 다른 최선의 선택이다.

Episode

친구 1   무슨 일인데 표정이 그래?

친구 2   잘못된 순간의 선택 때문에 후회가 너무 커지네. 🫠

친구 3   그런데, 선택이 매번 옳거나 좋을 수는 없잖아?!

친구 4   그렇지! 후회라는 건 원래 결과가 좋지 않을 때 찾아오는 거니까.

친구 5   그러니까 말이야. 네가 지금 생각할 건, 이런 상황에서 어떤 최선의
         선택을 다시 할 것이냐야!

친구 6   그래그래. 그러면 답은 나왔네!

친구 2   그게 뭔데?

친구 6   뭐긴 뭐야! '지금은 후회하지 않겠다'지!

이미 알고 있다고 생각하는 것에 관하여

솔직함이 무조건 옳지 않은 이유

✦ · ✦ · ✦

때때로 사람들은 변명이나 핑계보다 솔직한 것이 진실이라고 착각해서 모든 걸 솔직하게 말해버린다.

그리고 그 솔직함은 진실이기에 변명이나 핑계보다 더 강력한 힘을 발휘해 좋은 기회를 만들어줄 거라 믿는다.

그런데, 때와 장소에 맞지 않는 솔직함은 영향력 없는 진실에 불과하기 때문에 강력한 힘도 없으며 좋은 기회도 없다.

Episode

친구 1   있잖아. 그날 그 일은 네가 아니라, 내가 잘못한 거야. 정말 미안!

친구 2   잠깐만! 그러면 그때 그 일은 내 실수가 아니란 거지?

친구 3   응 그러네! 그런데, 그걸 왜 지금 말해? 그때는 뭐하고?

친구 4   그러게. 지난 일을 느닷없이 지금 와서 진실이랍시고 말하는 건 뭐
         니? 그리고 그날 너 때문에 욕먹은 얘는 뭐니?

친구 2   참나원! 난 그것도 모르고 그 집에서 욕먹고, 사과하고, 내 돈으로
         깨진 접시값까지 변상했잖아!

친구 5   그러게! 그때 우리 모두 얼마나 당황스러웠다고!

친구 6   그런데 있잖아! 너 혹시, 네 맘 편하고 싶어서 사실을 지금 말하는 거
         면, 그건 또 한 번 실수하는 거야!

이미 알고 있다고 생각하는 것에 관하여

천사들은 이미 세상에 있다?

✦ · ✦ · ✦

'세상에 천사는 없다'라는 생각으로 살았다면, 눈부신 후광과 크고 하얀 날개를 휘저으며 날아다니는 생명체만을 찾았기 때문이다.

하지만, 세상에는 이미 후광과 날개가 없는 천사가 존재한다. 그 첫 번째 증거는 부모님이고, 두 번째 증거는 지금 곁에 있거나 앞으로 나타날 반려자와 자식이며, 세 번째 증거는 당신을 걱정하고 아껴주는 지인들이다.

친구 1   천사의 사전적 의미가 뭔지 아니?

친구 2   악마의 반대!

친구 3   뜸 들이지 말고 말해! 그래서 천사의 사전적 의미가 뭔데?

친구 1   신과 인간의 중개자래!

친구 4   그렇다면… 천사는 인간에게 신을 대신해서 도움 주는 능력자 아
냐?

친구 1   맞아! 그러니까 너에게 도움을 주면서 행복하게 해주는 존재가 바
로 천사란 거지!

친구 5   그런 의미라면 나한테 천사는 엄마하고 아빠네?

친구 2   난 부모님이 안 계시니까, 할머니와 너희들인 거고?!

친구 3   그래서 오늘 너희들 얼굴 뒤에 후광이 비치는 거였어? ㉥ㅣ㉦

친구 4   오! 좀 설득력 있는 해석인데?! ㉦ㄴ㉥

애당초 밟히지 않는 지렁이

✦ · ✦ · ✦

"지렁이도 밟으면 꿈틀한다"는 속담이 있는데, 여기서 지렁이가 모르고 있는 건 밟히기 전에 항상 꿈틀거리고 있으면 애당초 밟히지 않을 수 있다는 사실이다.

그러니까, 사회에서도 때와 장소에 맞게 존재감을 드러내는 게 무시당할 일을 미연에 막는 방법이다.

Episode

친구 1   화가 안 가시네! 후~

친구 2   아이고! 우리 순둥이가 오늘 왜 화를 낼까! 무슨 일 있어?

친구 1   회사에서 청소할 때만 되면 다들 바쁜 척해!

친구 2   그래서?

친구 1   그래서는 뭘 그래서야! 하루 이틀도 아니고, 오늘은 도저히 못 참겠

         길래 말했지!

친구 2   오! 막내도 뿔나면 꿈틀거린다는 걸 보여준 거네.

친구 3   잘했어! 성질 있는 막내라는 걸 자연스럽게 보여줘야 널 함부로 부리

         질 못하지!

친구 4   아무튼, 막대다움은 벗어나지 않는 선에서 꿈틀거린 거 맞지?

         넌 눈치 빠르니까, 잘했으리라 생각해!

이미 알고 있다고 생각하는 것에 관하여

정신적 고통 중 용서가 가장 고통스런 이유

✦ · ✦ · ✦

소중한 것이 사라진 후 다시는 볼 수도, 만질 수도, 느낄 수도 없는 아픔의 시간은 지옥 불에 빠진 고통과 같다.

그리고 그 지옥 불에서 힘들고 외롭게 버텨낸 긴 시간을 "용서한다"라는 말 한마디로 맞바꿔야 할 때, 그 고통은 형언할 수 없는 통증이 된다.

그래서 사람이 느끼는 정신적 고통 중 가장 견디기 힘든 것이 용서인 것이다.

Episode

친구 1   네가 먼저 사과하는 게 어때?

친구 2   벌써 사과했어. 아직 답이 없을 뿐이지!

친구 3   많이 상처받았나 보다….

친구 4   아마도 용서하고 넘어간다는 게, 그 친구한테는 엄청 힘든 일일 수
        있으니까!

친구 2   알아! 이해도 되고! 나 같아도 그럴 것 같아!

친구 5   (토닥토닥) 옆에서 보는 우리도 마음이 아프다!

친구 6   그래서 말인데, 맘은 너도 힘들겠지만, 네가 좀 더 참고 기다려주는
        게 좋을 것 같아.
        용서하려는 마음이 용서를 구하는 마음보다 더 어렵고 힘들 테니까.

재정이 튼튼한 사람이 가지고 있는 기질

✦ · ✦ · ✦

너무 가지고 싶은 것을 발견했다면 당장 소유하려 들지 말고 선택의 순간을 미룰 줄 아는 인내심부터 챙겨라.

그러면 소유욕을 구분하는 눈이 생겨 지갑은 두툼해지고 재정은 튼튼해질 것이다.

Episode

친구 1 네 동생이 아르바이트를 해?

친구 2 그러게! 네 동생은 아르바이트 말고 장학금 타는 게 낫다는 주의라

며?

친구 3 아! 엄청 갖고 싶은 게 있어서 아르바이트하는 거래.

친구 2 그래서 돈은 많이 모았대?

친구 3 응. 돈은 벌써 다 모았는데, 생각이 바뀌었대!

친구 2 왜? 어떻게?

친구 3 갖고 싶던 마음이 없어졌대!

그래서 안 사기로 하고 알바만 계속한대!

친구 2 충동적인 소유욕인지 구분하는 눈이 떠졌나 보다? 그치?

친구 1 그러게! 그걸 알게 된 거라면 자기 통장 관리를 시작해도 될 것 같다!

이미 알고 있다고 생각하는 것에 관하여

돈 있는 사람이 봐야 하는 글

✦ · ✦ · ✦

돈을 많이 가지고 있으면서 존경받는 사람이 있는가 하면, 돈은 많은데 욕먹는 사람이 있다.

여기서 중요한 것은, 존경받는 사람이 많이 베푼다는 말이 아니라, 돈으로 가질 수 없는 것과 가져서는 안 되는 것을 구분하는 눈을 가졌다는 것이 포인트다.

Episode

친구 1   돈 좀 있으면 뭐해? 인간이 아닌데!
친구 2   왜 그래?

친구 3   어제, 오랜만에 만난 친구가 얘한테 부탁을 하나 했는데….
친구 4   그 부탁이 뭔데?

친구 1   유부남 친오빠가 날 만나고 싶어하는데, 딱 한 번만 만나주면 안 되
         냐고!
         물론, 그러면서 미안하다고 하는데, 그게 친구한테 할 말이야?

친구 5   잉? 미친!
친구 6   아무리 돈이 많아도 가질 수 없는 거랑 가지면 안 되는 걸 구분 못 하
         나?

친구 1   아무튼, 그래서 못 들은 걸로 하겠다고 말했어. 흠!
         돈이 많다는 걸 몰랐다면 그냥 해프닝으로 웃어넘길 수도 있었을 텐
         데, 돈이라는 말이 들어가서인지 기분도 기분이지만, 너무 화가 나더
         라고!

- -

이미 알고 있다고 생각하는 것에 관하여

오해가 진실이 되지 않게 하는 법

✦ · ✦ · ✦

진실은 눈에 보이지 않기 때문에 믿음을 삽시간에 사라지게 만든 후 마음을 순식간에 얼음장으로 돌변하게 만드는 능력을 가졌다.

그래서 진실은 적시적기*에 모습을 드러내지 않으면, 아무리 진실이라도 진실이 아닌 게 되고 오해가 진실이 되는 것이다.

그러니까, 오해가 진실로 변하지 않게 하려면 경중 선후도 따지지 말고 사소한 것부터 숨김없이 밝히는 게 먼저다.

* 적시적기(適時的期)는 '알맞은 시기'라는 의미를 갖고 있습니다.

친구 1   동생이 뭐라는데?

친구 2   아빠가 대화하기 싫다고 했대!

          그래서 나더러 아빠한테 설명 좀 해달래!

친구 3   믿었던 아들이라서 실망이 크셨나 보다!

친구 4   그런데, 네 동생은 지금까지 아빠한테 말 안 하고 뭐했대?

친구 2   아! 동생은 자기 담배가 아니니까, 아빠한테 굳이 말할 필요가 없다

          고 생각했대!

친구 5   헐! 그럴 거면 애당초 자기 게 아닌 걸 왜 들고 있었대?

친구 2   그러니까, 내 말이 그 말이야!

친구 6   아무튼, 아빠가 보기 전에 담배를 갖고 있게 된 연유*를 말했어야

          했는데. 진실의 유통기한이 지나서 문제다!

친구 1   그러게! 진실은 누가 뭐래도 타이밍을 놓치면 안 되는데 말이야!

* 연유(緣由)는 '원인'이나 '이유'를 의미하는 단어로, 한자로는 緣(인연 연), 由(말미암을 유)를
  사용합니다.

이미 알고 있다고 생각하는 것에 관하여

추억이 사실이기 위한 조건

✦ · ✦ · ✦

사람들이 추억하는 것은 시간이 흐르면서 원하는 방향으로
장면 편집과 대본을 수정해서 만든 상상 시나리오에 가깝다.

하지만, 그런 상상 시나리오 속에 감정만 흠뻑 배어 있다면
흐릿한 필름 화면에 잡음 섞인 스피커 소리가 나올지언정, 누
가 뭐래도 자신에게는 사실이 된다.

친구 1   지난주에 어릴 때 좋아했던 남자애 만났다며?

친구 2   응….

친구 3   그런데, 대답이 왜 그래?

친구 4   아! 그 애는 얘가 추억했던 기억이 없다고 했대!

친구 5   잉? 그래서 어떻게 됐어?

친구 4   그래도 다시 만나기로 했다니까… 이제 시작인 거지!

친구 5   그래도 속은 후련하겠다. 어때?

친구 2   후련하고 안 하고가 아니라, 어릴 때 짝사랑은 내가 만든 상상인가
         싶어! 그래서인지 기분이 가라앉네!

친구 1   중요한 건, 어릴 때 네 감정만 살아있으면 영화가 아니라 다큐멘터리
         가 맞는 거야!

이미 알고 있다고 생각하는 것에 관하여

잘못된 자존심이 만드는 착각

✦ · ✦ · ✦

　자존심이 센 사람은 "힘들다"와 같은 약해진 감정 표현에 대해 능력과 연결해서 해석하기 때문에 주변 사람들의 위로를 동정으로 착각한다.

　하지만, 약해진 감정을 자존심과 연결하지 않는 사람은 주변 사람들의 위로를 동정으로 착각하지 않는다.

Episode

친구 1 (고개를 숙이며) 그때 화내서 진짜 미안해.

친구 2 둘이 무슨 일 있었어?

친구 3 그러게. 웬 사과 모드?

친구 4 (손사래 치며) 아냐! 아무것도. 커피나 마셔!

친구 1 아! 내가 힘들어할 때 위로를 해줬는데… 내가 오지랖이라면서 화
       를 냈었거든.

친구 5 많이 꼬였었구나?!

친구 1 응. 맞아. 그래서 계속 맘이 안 좋더라고. 🙄

친구 6 그래! 힘들 땐, 힘듦을 인정하고 도움을 청하는 게 맞는 것 같아!

위로라는 보자기에 가려진 폭력

✦ · ✦ · ✦

때와 장소에 맞지 않는 걱정이나 선의적 관심을 빙자한 지나친 질문은 상대방이 거절 못 하도록 교묘히 괴롭혀 조금씩 충격을 가하는 일종의 얍삽한 폭력이다.

그러니까, 상대가 말하고 싶어하지 않는데 위한답시고 예의를 갖춰 물어보면서 답변을 끌어내려는 것은 자신의 유희를 채우고자 하는 얄궂은 잔재주에 불과하다.

친구 1   지옥 탈출 3일째인데, 뭐 했어?

친구 2   음! 뭐 그냥 이것저것!

친구 3   이것 좀 먹어봐! 맛있다.

친구 4   너 혹시, 그 일이 자꾸 생각나서 힘든 건 아냐?

친구 2   음…. 시간이 지나면 괜찮아지겠지. ꙰

친구 4   그런데, 어떻게 말하고 나올 수 있었던 거야?

친구 5   야! 그만 좀 물어!

친구 4   내가 뭘? 걱정되니까 그러지!

친구 5   네가 해결해줄 거 아니면 더 이상 묻지 않는 게 매너인 거 같다.

친구 3   그래! 굳이 그일을 떠올리게 만들 이유는 없잖아!

이미 알고 있다고 생각하는 것에 관하여

인생에서 말하는 정답과 해답

✦ · ✦ · ✦

인생이란 때때로 생뚱맞은 문제를 던져서 사람을 난감하게 만든 후 궁지에 빠뜨리기도 하고 뜬금없는 상황에서 정답은 아닐지라도 해답 정도는 얻을 수 있도록 힌트를 준다.

그래서 인생은 정답 없는 미로 속에서 죽음이라는 하나의 출구를 향해 가기 위한 해답을 찾아가는 과정 같은 것이다.

친구 1   잘 산다는 것에 대한 정답이 뭘까?

친구 2   그냥 지금을 열심히 사는 거?

친구 3   그건 정답이 아니라, 해답이 아닐까?

친구 4   그래, 듣고 보니까 정답은 아닌 것 같네!

친구 5   정답과 해답의 차이는 뭔데?

친구 6   정답을 옳은 답이라고 해석한다면, 해답은 옳고 그름이 없고 상황
           에 맞는 답?!

이미 알고 있다고 생각하는 것에 관하여

바다가 되기 위한 근본 조건

✦ · ✦ · ✦

아무리 바다라 하더라도 물이 없으면 바다가 아니고, 아무리 물이 있다 하더라도 파도가 없으면 바닷물이 아니고, 아무리 바닷물이라도 짠맛이 안 난다면 바닷물이 아니다.

그래서 모름지기 완전함은 근본이 채워져야 하는 것이다.

Episode

친구 1   어때 보여? 남친 잘생겼지? 직업도 좋고?

친구 2   음~! 너희들은 어때? 뭐가 멋지고 좋은지 하나씩 말해봐!

친구 3   내가 느끼는 장점은 항상 약속 시간보다 늦게 나오는 그 버릇!

친구 4   그리고 여친과 무조건 더치페이하고 주고받는 선물의 가격은 같아
        야 한다고 주장하는 모습이 너무 멋져 보여!

친구 5   그뿐이야? 모든 게 여친보다 자기 사생활이 먼저라는 생각도 굿이
        야!

친구 1   너희들 지금 뭐 하니?

친구 2   그러니까, 사람의 근본을 보라고 이것아! 으이구!

- -

이미 알고 있다고 생각하는 것에 관하여

잘 안다고 오해하면 안 되는 것

✦ · ✦ · ✦

상대에 대해서 많이 알거나 또는 잘 안다고 해서 상대의 감정과 마음까지 다 가진 양 으스대며 넘겨짚지 마라.

왜냐면, 그런 생각은 상대방도 이미 할 수 있는 계기와 시간이 지났는데도 불구하고 아무런 반응조차 없는 것이 그 이유다.

Episode

친구 1   그건 너 혼자 생각인 거 아냐?

친구 2   지금 네 생각을 전문용어로 말하면 '김칫국 원샷'이야!

친구 3   뭔데 애를 구박하는 거야?

친구 4   아~! 같이 회사 다니는 동료가 저를 좋아하는 것 같다고 해서….

친구 3   잉? 그렇다면… 그렇게 생각하는 근거가 있겠지? 그게 뭐야?

친구 5   입사 동긴데, 오랫동안 같이 다녀서 서로에 대해서 잘 알거든!
         그리고 내 일이라면 발 벗고 나서서 도와주는 걸 보면 날 좋아하는
         것 같아!

친구 2   저것 봐! 혼자서 김칫국 마신 거 맞잖아!

이미 알고 있다고 생각하는 것에 관하여

본능이 가지고 있는 힘

✦ · ✦ · ✦

코브라의 이빨보다 벼랑 끝에 몰린 다람쥐가 더 무섭고 퓨마의 발톱보다 배고파하는 강아지가 더 무서운 법이다.

그래서 배고픔과 동거했거나 절실함과 결혼해본 사람은 그 어떤 난관이 찾아와도 무엇이든 이룰 수 있다.

Episode

친구 1　이 상처 뭐야?

친구 2　아! 어제 회사 야유회 가서 달리기하다가 넘어졌어.

친구 3　어떻게 달렸길래 넘어지냐?

친구 2　1등 상품이 필요로 하던 노트북이었거든? 그래서….

친구 4　그래서 노트북 받았어?

친구 2　아니, 1등은 목숨 걸고 뛴 막내 직원이 탔어. 난 2등 했고.

친구 5　그러면 그렇지. 배부른 거지하고 배고픈 공주는 다르니까!

친구 6　그래도 잘했네. 그래서 2등 상품은 뭐야?

정의와 복수에 대한 재해석

✦ · ✦ · ✦

악인에게 목숨을 잃은 사람의 가족들에게 정의 심판이란 복수다.

그런데, 정의란 사람들이 인정하는 조화로움이며, 복수는 개인만이 느끼는 자기만족이기 때문에 복수를 정의라고 말하지 않는다.

하지만, 때때로 복수는 정의일 수 있으며, 정의는 때때로 복수가 될 수 있어야 형평성에 맞기 때문에 복수가 무조건 정의가 아닌 것은 아니다.

Episode

친구 1   천천히 마셔.
친구 2   손 떠는 것 좀 봐!

친구 3   (흥분이 가라앉지 않은 목소리) 후! 가슴이 너무 뛰어. 터질 것 같
아.
친구 4   그래, 나라도 그럴 거야.

친구 5   에고! 얼마나 분했으면⋯. (토닥토닥)
친구 6   잘했어. 이제부턴 네가 당한 만큼 돌려줘.
우리가 알게 된 이상. 이제부터 네가 하는 건 정의야!

반대에 부딪혔을 때 하면 좋은 생각

✦ · ✦ · ✦

살면서 크고 작은 반대에 부딪히는 일이 많아서 힘겹다는 생각이 든다면, 부푼 기대에 찬 사람들이 나만 보고 있는 부담감보다 훨씬 낫다고 생각해라.

그리고 크고 작은 반대를 이기는 희열의 기회까지 잡았다고 생각하면 힘들다는 생각의 크기가 한결 줄어든다.

친구 1   으이구! 내 팔자야!

친구 2   팔자가 나오는 걸 보니, 뭔 일 있었나 보네?

친구 1   한 인간을 겨우 설득하고 나면 또 하나가 반댈 하고, 끝이 없네.

친구 3   언제는 회사에서 반대하는 사람이 없어서 이상하다며?

친구 4   그러게! 무언의 긍정만 받다가 막상 반대 세력이 나타나니까, 벌써 힘든 거야?

친구 5   지금부터는 반대 세력을 만나면 인정받을 기회를 잡았다고 생각해!

친구 6   그리고 지구상의 긍정언어는 모두 네 편이란 걸 기억하고!

이미 알고 있다고 생각하는 것에 관하여

내 손 안의 돈에 대한 정의

✦ · ✦ · ✦

돈이란 놈은 평소에 생각지 못한 것을 요술봉처럼 이뤄지게 해주기 때문에 싫어하는 사람이 없지만, 받았을 때 불편하면 내 돈이 아닌 것이다.

그러니까 찝찝한 생각이 드는 돈이라면 애당초 받지 말거나 받았다면 그 즉시 돌려준 다음, 사람들에게 알리는 게 맞다.

친구 1   오늘은 네가 저녁 사는 거야?

친구 2   돈은 내가 낼 건데, 진짜 사는 사람은 내가 아니라, 쟤야!

친구 3   그게 무슨 말이야?

친구 2   상금은 내가 받았는데, 이 상금을 받게 한 사람이 쟤니까, 쟤가 사
         는 거라고.

친구 4   (손사래 친다) 아니야. 네가 잘한 거야. 내가 아니라!

친구 5   아무튼, 너무 보기 좋다. 서로 공로를 넘기는 모습이!

친구 6   뭐가 됐든 덕분에 고기 먹으니 좋고, 너희들의 우정도 너무 이뻐서
         좋다! 😄

표면보다 내면이 중요한 이유

✦ · ✦ · ✦

　세상에 약자라 불리는 사람들 또는 피해자들이 모두 착하거나 옳다고 속단하는 것이야말로 세상의 둘도 없는 편견일 수 있다.

　그러니까, 눈에 보이는 처지나 상황만으로 피해자가 무조건 선하다고 판단한다면 실수라는 지뢰를 밟는 꼴이니, 자초지종을 듣는 느긋함을 가지고 최대한 천천히 결론 내리려는 마음가짐이 필요하다.

Episode

친구 1   네 친구가 돈 사고 쳤다는 게 사실이야?

친구 2   응, 믿기지는 않지만 맞아. 👀

친구 3   인터넷 여행 모임 총무 했다던, 그 친구?

친구 2   응! 그 모임이 2년쯤 돼가는데, 사람 자체가 사라졌어!

친구 4   헐! 근데, 그 친구가 총무를 해야 했었어?

친구 2   그 애가 다른 모임에서 돈 사고 피해를 당한 적이 있었다더라고.
        그래서 피해를 경험했던 애니까 별일 없을 거라고 생각했었지.

친구 1   피해자 코스프레였던 거네! 그리고 피해자였으니까, 더 잘하겠지라
        는 선입견까지…. 👀

이미 알고 있다고 생각하는 것에 관하여

가짜 위로 말고 진짜 위로

✦ · ✦ · ✦

자신에게 오는 부담이나 손해가 없다는 걸 순식간에 알아챈 사람들은 동정이 아닌 것처럼 쉽게 위로하지만, 입장이 바뀌면 상대의 위로를 동정이라고 생각하기 때문에 속 좁게 받아들인다.

그러니까, 순식간에 손해 여부를 판단하는 눈부터 가려라.

그래야만 비로소 동정의 가면을 벗고 온전한 위로를 할 수 있는 것이다.

Episode

· **동정** : 타인의 고통이나 어려움을 불쌍히 여기거나 가엽게 여기는 것을 말하는 것으로, 상대방의 문제나 상황을 해결하는 데 직접적인 도움을 주지는 않는다.

· **위로** : 타인의 고통이나 어려움을 이해하고 공감하며 그들의 감정을 함께 느끼고 나누는 것을 말하는 것으로, 상대방의 상처를 치유하고 회복시키는 역할을 한다.

친구 1 운전면허 시험에 또 떨어졌어. 😥
친구 2 몇 번째야?

친구 1 세 번째!
친구 3 나는 6번 떨어졌어. 😅

친구 4 그래도 넌 면허증을 땄잖아. 난 포기했어.
친구 3 면허증 있으면 뭐 하니? 운전을 안 하는데. 있으나 없으나 똑같아.

친구 1 참나! 너희들 말은 위로야? 동정이야? 고백이야?
친구 5 더 웃긴 건 운전할 줄 알아도 차가 없다는 거! 이게 진정한 위로지~!

- -

이미 알고 있다고 생각하는 것에 관하여

투자하기 전 꼭 봐야 할 글

✦ · ✦ · ✦

안전한 투자란, 소문에 사고 뉴스에 팔아야 이익 타이밍을 잡을 수 있고, 욕심부리지 말고 생선의 머리와 꼬리는 고양이에게 줘야 물리지 않으며, 발목보다 높은 무릎에서 사서 눈보다 낮은 어깨 라인에서 파는 게 적당한 이익을 얻는 방법이다.

그래서 투자란, 과욕을 겸손으로 바꾸고 탐욕의 허상을 타이밍으로 바꿀 수 있을 때 비로소 시작하는 것이다.

Episode

친구 1 얘들아! 오늘 다 모여!

친구 2 좋은 일이면 갈게!

친구 3 좋은 일이래!

친구 4 뭔데?

친구 1 주식이 올라서 돈 뺐어. 너희들 밥 사주려고!

친구 5 좋긴 하지만, 또 잃을 때 울려고?

친구 1 아니, 이제는 안 할 거야!

친구 6 잘 생각했어! 주식은 욕심 없는 사람이 하는 거라니까, 넌 여기까지
하자! 😄

- -

이미 알고 있다고 생각하는 것에 관하여

Chapter 2

알아서 잘 딱
깔끔하고 센스 있게

인기 많은 친구의 비결

✦ · ✦ · ✦

친구들끼리 모임을 가져보면 유독 어느 한 친구의 이름이 거론되면서 출석 여부를 수시로 묻는 경우가 있는데, 이는 모든 친구들이 그 친구를 좋아한다는 증거다.

그런 친구는 상대가 이야기를 시작하면 하던 '폰질'을 멈추고 친구의 말에 집중하는 것은 물론이고, 자존심은 빼면서 공감은 하되 섣부른 조언은 하지 않는다.

Episode

§ 금요일 저녁 약속을 잡으려고 5명의 친구에게 차례로 전화 거는 상황

친구 1   이번 주 금요일 저녁에 나올 수 있어?
친구 2   응. 그런데 영숙이 나온대?

친구 1   금요일 저녁에 나올 수 있어?
친구 3   30분 정도 늦을 수 있어. 영숙이 온대?

친구 1   모레, 금요일 저녁에 나올 수 있어?
친구 4   오케이! 영숙이는 시간 된대? 다른 애들은?

친구 1   있잖아, 금요일 저녁에 시간 있어? 애들 모이기로 했거든!
친구 5   당연히 가야지! 영숙이한테 전화했어? 안 했으면 내가 할까?

친구 1   영숙아! 이번 주 금요일 저녁에 나올 수 있어?
친구 6   응, 네가 나오라고 하면 난 무조건 좋아!
         참, 애들한테 일일이 전화한다고 힘들었지? 만나면 내가 커피 살게!
         그리고 어떻게 지냈어? 궁금했는데, 먼저 연락해줘서 고마워! 통화
         더 해도 돼?

-- -- -- -- -- -- -- -- -- -- -- -- -- -- -- --

알아서 잘 딱 깔끔하고 센스 있게

대화의 기술은 이런 것

✦ · ✦ · ✦

　대화의 기술이란, 거절은 하되 마음 아프게는 하지 않고, 잔머리는 굴리되 거짓말은 하지 않으며, 성질은 내되 가족은 건들지 않고, 질타는 하되 소리치지 않으며, 장난은 치되 매너는 지키고, 부탁은 하되 부담은 주지 않는 걸 말한다.

Episode

친구 1   그 인간 미친 거 아냐? 😠

친구 2   누구?

친구 3   그 왜, 얘하고 같이 학원 다닌다던 그 친구 말이야!

친구 4   왜?

친구 1   내가 급한 마음에 십만 원만 빌려달랬더니, 사람을 아주 이상하게
        만들잖아.

친구 2   뭐랬는데 그래?

친구 1   그 정도도 없어서 빌리냐, 그 정도는 가족한테 달라고 해도 되지 않
        냐는 둥, 후!

친구 5   잉? 아무리 그래도 그렇지, 거기서 자존심 상하는 말과 가족까지 왜
        들먹이지?

친구 6   눈치를 비빔밥에 비벼 먹었나?
        빌려주기 싫으면 좋게 거절하면 될 것을!

알아서 잘 딱 깔끔하고 센스 있게

인품 좋은 사람이 다른 점

✦ · ✦ · ✦

아무리 좋은 인품을 가졌다고 평가받는 사람들도 결국은 자기가 믿고 싶은 것과 보고 싶은 것 그리고 말하고 싶은 것만을 말하고 산다.

단지, 다른 사람들보다 조금 더 차분하고, 조금 덜 흥분하며, 조금 더 조심스럽고, 조금 더 말을 아끼며, 조금 더 웃고, 조금 더 참을 뿐이다.

친구 1   야! 넌 지금 그 말을 여기서 하면 어쩌자는 거야?

친구 2   왜? 내가 말실수했어?

친구 3   아니! 그 정도는 아니야.

친구 2   오버했다면 미안해!

친구 4   아니야! 네 생각을 말한 거니까 괜찮아!

친구 5   맞아! 자기 생각을 말하는 게 잘못은 아니잖아.

친구 2   후! 👀

         (차분한 목소리) 너희들이라면 어떻게 말할 것 같은데?

친구 6   지금의 너처럼! 차분하게 감정 빼고!

         우리가 생각하는 넌 지금처럼 차분한 사람이니까!

- -

사이다 이별과 콜라 인연

✦ · ✦ · ✦

이별 후 떠오르는 행복했던 기억들이 추억이라 믿고 싶겠지만, 100% 미련이기 때문에 최악의 핑계를 대서라도 깨끗하게 지워버리는 게 맞다.

물론, 이별 직후 조여오는 아픔은 말로 표현할 수 없는 슬픔이겠지만, 단호하면 할수록 사이다 감정이 뭔지 알게 되면서 콜라 같은 새 인연의 기회도 생기게 된다.

Episode

친구 1   뭘 그렇게 뚫어지게 봐?

친구 2   아! 아무것도 아냐.

친구 3   그런 걸 왜 봐? 그냥 차단해!

친구 4   뭔데 그래?

친구 5   전 남친 카톡 프로필 사진하고 인스타를 보잖아!

　　　　그런데 진심 궁금해서 그러는데, 그런 게 보고 싶어?

친구 2   못살고 있는 걸 보고 싶은 느낌?

친구 6   이유가 뭐가 됐든 확인하고 싶을 순 있지!

　　　　그런데, 하지 마! 그러면 그럴수록 너만 심란하고 기분 이상해지니까

　　　　그냥 차단해! 그게 사이다야!

친구 1   맞아. 차단하면 사이다 감정이 뭔지 알게 될 거야. 그리고 네가 그렇

　　　　게 사이다 드링킹을 해야, 콜라 같은 소개팅 기회도 빨리 생겨!

- -

알아서 잘 딱 깔끔하고 센스 있게

열정과 욕심의 차이

✦ · ✦ · ✦

가까운 누군가의 생각을 고쳐줘야겠다는 마음을 먹었거나 뭐라도 꼭 더 가르치려고 생각했다면 그것은 열정이 아니라 혼자만의 욕심이다.

다시 말해서 상대방의 뜻을 묻지 않은 일방적인 열정은 자신의 만족감을 채우기 위한 욕심이니까, 정당화나 합리화로 포장하지 말고 욕심과 열정의 차이부터 분별해라.

Episode

친구 1 화났어?

친구 2 화가 식질 않네! 후~ 😠

친구 3 기어코 동생하고 또 싸웠구나?

친구 2 허구한 날 피곤하다면서 저녁만 되면 폰 보다가 늦게 자고, 또 늦게 자니까 야식 먹게 되고… 그래서 또 살찌고.

친구 4 네 동생만 그런 게 아니야. 내 동생도 그래?!

친구 2 아무리 알아듣게 말해도 들어 처먹질 않으니, 싸울 수밖에. 😠

친구 5 그런데 네 동생은 네 잔소리를 고맙게 생각 안 할걸?

친구 6 그래! 넌 언니니까 열정일 수 있는데, 동생은 언니의 욕심으로만 볼 거야!

친구 2 그럼, 나더러 어쩌라고? 후! 😠

친구 1 (토닥토닥) 언니의 욕심이 아니라 동생을 위한 열정이고 싶으면, 감정 배고 말해봐!

물론 어려울 거야! 수백 번 참아야 할 거고! 그래도 언니니까 해봐!

- -

알아서 잘 딱 깔끔하고 센스 있게

미래를 위한 희생 수위 조절이란

◆ · ◆ · ◆

어떤 결과로 다가올지 모르는 미래를 위해 지금을 지나치게 희생시키는 것은 위험한 행동이다.

미래의 목표를 위해 지금을 힘겹게 참아낼 순 있겠지만, 정작 좋은 미래가 왔을 때 건강이라는 급소에 아웃카운터를 맞으면 모든 걸 잃게 되기 때문이다.

친구 1 　물 좀 마셔!

친구 2 　그래! 이러다 네가 쓰러져!

친구 3 　그만 울어, 응? 제발!

친구 4 　안 입고, 안 먹고, 안 쉬고, 일만 한 우리 엄마.
　　　　　건강검진 결과가 안 좋대!

친구 5 　(토닥토닥) 후~!

친구 4 　힘든 거 그만두고 쉴 수 있어서 좋다고 했는데….
　　　　　우리 엄마 불쌍해서 어떡해?

친구 1 　(토닥토닥)

친구 6 　너희 엄마, 억울해서 어째!

쿨하고 맑은 사람들이 잘 쓰는 말

✦ · ✦ · ✦

누군가에게 사과할 일이 있거든 삐죽거리거나 빙빙 돌리지 말고 '미안해'라는 세 글자를 서슴없이 입 밖으로 낼 줄 알아야 쿨한 사람이다.

그리고 누군가에게 고마워할 일이 생기거든 멋쩍게 웃으며 사양 말고 '고마워'라는 세 글자를 서슴없이 입 밖으로 낼 줄 알아야 맑은 사람이다.

Episode

친구 1   으이구! 친구만 아니면 확!

친구 2   '미안해' 친구들아~

친구 3   우리 친구들은 어찌나 이렇게 사이도 좋은지.

친구 4   그런데 '미안해'가 끝이야?

친구 2   아니 아니! '고마워'도 있지~

친구 5   뭐래! 말 서비스가 전부냐고 묻는 거잖아!

친구 2   에이! 서운하게 왜 그래? 내 성격 몰라? 당연히 오늘 밥이랑 후식은

          내가 대접하지. 그러니까 즐기기나 하세요, 친구님들!

친구 6   역시!

<hr/>

알아서 잘 딱 깔끔하고 센스 있게

갑작스러운 상황을 바꾸는 시간 3초 (갑바시)

✦ · ✦ · ✦

갑작스러운 상황은 아무리 차분한 사람이더라도 무례한 행동이나 경솔 또는 경박한 말이 반사적으로 나오게 만든다.

그런데 현명한 사람은 갑작스러운 상황에 직면했을 때, 상황 파악을 위해 3초의 틈을 이용해 주변부터 살핀다.

Episode

친구 1   악! 왜 가방끈을 당기고 난리야? 넘어질 뻔했잖아!

친구 2   성질내지 말고 앞을 봐!

친구 1   미안! 앞에 이런 게 있는 줄 몰랐어. 진짜 미안!

친구 3   (옆으로 다가가서) 그게 다야?

친구 1   (황급히) 커피 내가 살게!

친구 4   그러니까 짜증부터 내지 말고 주변부터 살펴봐!

친구 5   그리고 폰질 좀 작작 해!

친구 6   너도 별반 다르지 않아. 이것아!

알아서 잘 딱 깔끔하고 센스 있게

어중간한 사람이 해야 할 것

+ · + · +

요즘엔 어중간하게 못되거나, 어중간하게 믿거나, 어중간하게 후회하거나, 어중간하게 희망을 품거나, 어중간하게 일하거나, 어중간하게 즐기는 사람이 많다.

그런데, 그런 어중간한 성격과 언행은 불타오를 수 있는 의욕에 찬물을 끼얹는 것과 같다.

그러니까, 이 책 또한 어중간하게 읽지 말고 3번은 꼭 읽어라.

Episode

친구 1   몸은 좀 어때? 괜찮아?

친구 2   그냥 그래. 아직은!

친구 3   밥은 먹었어? 약은? 병원은 다녀왔어?

친구 2   방금 일어났어. 병원은 이따가 가려고.

친구 4   으이구, 이제 좀 살 만한가 보네.

              이럴 때 더 신경 써서 확실하게 치료해.

친구 5   그래. 맞아. 어중간하게 치료하고 대충 쉬지 말고.

친구 6   말이 나온 김에, 어중간하게 시간 끌지 말고 지금 병원 가자! 같이~

친구 4   그래 얼른 일어나! 잔머리 굴리지 말고!

알아서 잘 딱 깔끔하고 센스 있게

양심의 가책을 해소하는 방법

✦ · ✦ · ✦

마음에 가책을 느낀다고 해서 없었던 용기가 생겨 뭔가를 처리할 수 있는 것도 아니고 이미 일어난 일이 저절로 해결되는 것도 아니다.

하지만, 죄책감은 칼 앞에 목을 대고 있는 것처럼 부담스러운 게 맞다.

그러니까 해결할 수도 바꿀 수도 없는 마음의 짐이 생겼다면 관심을 돌릴 수 있는 사소한 뭐라도 찾아서 몰두하는 게 죄책감에서 빠져나올 수 있는 최선의 방법이다.

Episode

친구 1	네가 잘못한 게 아니잖아!
친구 2	그래, 왜 자꾸 울려고 해?
친구 3	안 나오고 싶댔는데, 억지로 나오라고 해서 정말 미안! 진짜 미안해!
친구 4	야! 그만해! 내가 잘못해서 넘어진 건데, 네가 왜 미안해? 괜찮아! 크게 다친 것도 아닌데, 뭐.
친구 5	그래. 괜찮다잖아! 그러니까 자책은 여기까지만 하자!
친구 6	맞아. 자책보다는 지금 당장 아픈 애가 필요한 게 뭔지… 그리고 너의 멘탈을 찾아올 방법부터 찾자. 그게 먼저인 거 같다!

득 되는 싸움이란

✦ · ✦ · ✦

　싸움은 아무런 득이 없다고들 말하지만, 그건 싸운 두 사람이 어떻게 결론을 짓고 변하느냐에 따라 다르다.

　즉, 싸운 두 사람 중 어느 한 사람이라도 싸운 후 변하려는 마음이 생긴다면 얻을 게 있는 싸움이라고 할 수 있기 때문에 굳이 싸워야 한다면 서로에게 득이 되는 싸움이 되도록 생각하고 싸워라.

Episode

친구 1   야! 너희 둘! 그만 좀 하지?

친구 2   30분이나 지났어. 별 소득 없는 싸움은 이제 그만하자!

친구 3   이럴 땐 극약 처방을 해야지.

친구 4   그게 뭔데?

친구 3   뭐긴 뭐야?
        얘들 싸우는 동안 조용히 기다려줬으니까 밥 사라는 거지!

친구 2   오! 그거 좋다.

친구 5   됐거든. 우리 화해할 거거든. (옆을 돌아보며) 짜증 내서 미안해!

친구 6   아냐! 다음부터는 먼저 물어볼게. 미안!

친구 3   역시! 돈이 무섭긴 한가 봐! 종종 싸우도록 하자!

친구 2   돈도 돈이지만, 다음부터는 싸우지 않을 방법을 알게 된 싸움이라
        서 다행이네.

알아서 잘 딱 깔끔하고 센스 있게

단점을 말해야 할 때는 이렇게

✦ · ✦ · ✦

원래 인간은 논리의 동물이 아니라 감정의 동물이기에 말로 표현하는 것에 민감하다.

그래서 누군가의 단점이나 잘못을 아무리 조심스럽게 눈치 보면서 말한다 해도 안 하느니만 못한 경우가 많다.

즉, 누군가의 단점을 말한다는 것은 자존심이라는 화약고에 작은 불씨를 놓는 꼴이기 때문에 자칫 사람의 목숨을 앗아갈 수도 있다.

그러니까 아무리 좋은 인품과 성품을 가진 소유자일지라도 단점이나 잘못을 말해줘야 한다면 "~면 더 좋을 것 같다"와 같이 에둘러서 말해라.

Episode

친구 1   "솔직히 말해서 이건 네가 좀 잘못한 거 같아"라고 말했더니, 나더러
         못됐대.
친구 2   그 애가 물어봐서 말해준 거야?

친구 1   당연하지.
         친구라고 생각지 말고 솔직히 답해달래서 솔직하게 말한 거야.
친구 2   친한 친구 면전에서 너무 솔직하게 이야기해서 그런가?

친구 3   그럴 수 있지.
         믿고 있는 사람이라면 자기편일 거라고 생각했을 테니까.
친구 1   그럼, 거기서 뭐라고 말해?

친구 3   "이렇게 했으면 더 좋았겠다"라고 말하면 낫지 않았을까?
친구 2   그래. 약간 우회해서 답변하면 더 좋았을 것 같다.

생각의 꼬리를 끊는 방법

✦ · ✦ · ✦

대인관계에서 벌어진 묘한 상황 때문에 몇 날 며칠 생각의 꼬리가 길어질 때, 그 생각을 잘라내려고 애쓰는 건 괜한 고생일 수 있다.

왜냐면, 잘라내도 자꾸 떠오르는 생각의 정체는 미련이거나 죄책감인 경우가 많기 때문에, 잘라낼 게 아니라 자존심 세우지 말고 본심을 말하거나 사과를 하는 게 맞기 때문이다.

Episode

친구 1   그 친구 때문에 잠을 못 잤나 보네?

친구 2   자려고 누웠는데 생각이 많아지니까⋯ 잠이 안 오더라고. 후~!

친구 3   이제 안 볼 거야?

친구 2   몰라! 그리고 그게 뭐 다 내 탓이니? 다들 왜 나만 가지고 그래? ͡°͜ʖ͡°

친구 4   (차분하게) 그게 아니라, 네가 이미 네 잘못을 일부 시인했잖아.

　　　　 그리고 죄책감 때문에 자꾸 생각의 꼬리가 길어진다고, 네가 말했었

　　　　 고⋯.

친구 5   그래. 그러니까, 이해심 많은 네가 먼저 사과해보라고! 응?

친구 6   맞아. 성격 좋은 네가 먼저 사과하자!

　　　　 옆에 있는 우리가 불편해서 못 참겠어!

친구 1   자리는 우리가 만들게!

　　　　 그리고 네 잘못만은 아니니까, 미리 운도 띄워놓을게!

친구 2   후! ͡°͜ʖ͡°

묘한 당황스러움이 주는 감정 끌림

✦ · ✦ · ✦

감정선이 전혀 닿지 않았던 사람에게 미소를 앞장세워 칭찬으로 갑자기 공격하면 당황스러움에 놀라는 것도 잠시, 순식간에 묘한 감정으로 바뀌면서 웃음보를 터뜨린다.

그러니까, 관심을 끌고 싶은 사람이 생겼다면 감정선이 생기기 전에 갑자기 다가가서 칭찬 공격으로 기분 좋은 당황스러움을 느끼게 하는 것이 관심 지수를 치솟게 하는 영리한 방법이다.

Episode

친구 1   너 그거 봤어? 유튜브에 나오는 그 남자?

친구 2   뭐 말하는 거야?

친구 1   길 가는 여자들에게 갑자기 꽃을 주면서 첫눈에 반했다는 멘트 날리는 남자!

친구 2   아! 뭐 그런 쇼츠 본 거 같아! 그런데 그게 왜?

친구 1   아까 내가 비슷한 걸 당했거든!

친구 2   누구한테?

친구 1   몇 번 전화만 해봤던 거래처 직원인데, 오늘 첫 회의 때문에 만났었거든?! 그런데, 퇴근길에 갑자기 나타나서 저녁 먹자면서 꽃을 주잖아! 어찌나 놀라고 당황스럽던지….

친구 2   그게 왜? 왜 웃어? 뭔데? 빨리 좀 말해봐!

친구 3   자꾸 뜸 들일래? 얼른 말해!

친구 1   그날 같이 저녁 먹고 전화번호 줬다고….

알아서 잘 딱 깔끔하고 센스 있게

살 안 찌는 빵 출시 전까지 해야 할 것

✦ · ✦ · ✦

아무리 먹어도 살이 안 찌는 생크림 치즈빵이 출시되기를 기다리는 '다이어터'들은 매번 눈앞의 케이크와 눈싸움은 물론이고 기싸움까지 하지만, 번번이 패하거나 어쩌다 이긴다 해도 자괴감과 패배감 때문에 감정만 상하는 때가 많을 것이다.

그러니까, 살찌지 않는 빵의 출시가 언제일지 모르는 지금으로선 빵을 맛있게 먹고 매일 운동하는 게 자존감과 승리감까지 챙길 수 있는 유일한 방법이다.

Episode

친구 1　또, 또 고민한다!

친구 2　뭘 고민해?

친구 3　누가 고민 있어?

친구 1　얘 말이야. 빵 앞에만 가면 스타워즈 제다이도 아니면서 광선검을 만지작거려!

친구 4　그래? 그러면 오늘은 빵하고 싸워서 절대 지지 마! 화이팅! 😃

친구 5　으이구! 그냥 먹고 운동해.
　　　　깜도 안 되면서 빵하고 뭔 종합격투기냐!

좋은 사람이 하지 않는 6가지

✦ · ✦ · ✦

　좋은 사람이라고 평가받는 사람들은 남을 이긴 후 경쟁자 앞에서 넘치게 좋아하는 모습을 보이지 않으며, 남의 허물을 보고 내가 이득을 취한 것처럼 즐기지 않는다.

　또한 화려하고 세련된 언변으로 정당치 못한 순간을 회피하지 않으며, 많은 사람 앞에서 총명을 자랑하지 않을뿐더러, 위협이 느껴지는 언행으로 남에게 겁을 주지 않으며, 괴팍하고 고집 센 성격처럼 보이도록 말하지 않는다.

Episode

친구 1   널 보면 친구가 없는 자리에서 뒷담화를 안 하는 게 너무 좋아.

친구 2   맞아. 그리고 똑똑한데도 어설픈 영어 쪼가리를 안 써서 더 멋져.

친구 3   갑자기? 왜들 그래? 내가 뭐 잘못한 거 있어?

친구 4   너에 대해 우리가 생각하는 장점을 말하는 거야.

친구 5   맞아. 넌 자랑할 게 많은데도 자랑도 안 하잖아?

친구 6   그래. 고집이 세지도 않고….

친구 3   알았어 알았어. 그만해. 밥 살게. 어벤저스도 아니고, 힘을 합쳐서
부담을 주냐!

친구 2   얘들아! 봤지? 눈치도 빠른 거.

자존심 상하지만, 말해야 할 땐 이렇게

✦ · ✦ · ✦

자존심 상해서 말하기 어려울수록 빙빙 돌려 말하는 것은 거짓말보다 안 좋다.

그러니까 자존심 상하지만 말해야 할 때는 결론보다 "자존심이 상하지만, 부득이 말한다"는 말을 먼저 해라.

그러면 힘든 감정인데도 불구하고 어렵게 말해준 것에 대해서 위로와 공감으로 반응할 것이다.

친구 1   잠깐만 잠깐만! 그래서 요점이 뭔데?

친구 2   미안한데, 나도 무슨 말인지 모르겠어.

친구 3   음. 그러니까 그게. 무슨 말이냐면, 있잖아….

친구 4   빙빙 돌리지 말고 감정 빼고 말해야 우리도 오해가 없어.

친구 5   그래. 맞아. 심플하게 말을 해봐.

          그러면 우리도 오해도 부담도 없이 대답할게.

친구 3   알았어. 자존심 상하지만, 말할게.

          내가 요즘 백조라서 너희들 만나는 게 부담된다고.

          그래서 계모임은 당분간 빠질게!

친구 6   그게 고민이면, 고민을 없애면 되잖아?

친구 1   무슨 말이야?

친구 6   당분간 우리 계모임은 회비 없이 만나는 걸로 하자!

알아서 잘 딱 깔끔하고 센스 있게

좋은 관계 유지의 최적 거리는?

✦ · ✦ · ✦

　불빛만 정신없이 쫓다가 어느새 그 불빛 앞에 서면 눈부심 때문에 눈물만 나올 뿐, 턱 밑에 있는 날카로운 송곳조차 보지 못한다.

　그러니까 아무리 갈구하고 갈망하던 불빛을 보더라도 주변이 식별될 정도까지만 천천히 다가가는 게 똑똑한 거리 유지다.

Episode

친구 1   그 친구랑 자주 만나?

친구 2   응. 자주 보는 편이야.

친구 3   얼마나 자주 보길래 자주 본다는 거야?

친구 4   그러게. 우리보다 자주 보는 거야?

친구 2   아! 그런가? 같은 아파트니까.

친구 5   알게 된 지 며칠 안 됐다면서?

친구 2   비슷한 게 많아서인지, 만나면 재밌어.

친구 6   급하게 친해진 만큼 간격 유지는 하는 게 좋을걸?

친구 2   야! 내가 애냐? 으이구! 별걱정을 다 한다!

알아서 잘 딱 깔끔하고 센스 있게

이기적 인간과 이타적 인간의 차이

✦ · ✦ · ✦

이기적인 인간은 다툼이 벌어지면 상대로부터 이해를 먼저 받기 위해 자신을 불쌍하게 만들거나, 이해받아 마땅한 사람처럼 교묘하게 설명하거나, 자존심을 전혀 세우지 않는 척하면서 배배 꼬아 말한다.

하지만, 이타적인 사람은 상대에게 화가 날지언정 상대방의 상한 마음부터 들어준다.

Episode

친구 1   멋지지 않아?

친구 2   뭐가 멋지다는 거야?

친구 1   흥분한 그 아줌마 말을 다 들어주면서 화를 진정시켜주던 거!

친구 3   오~! 그런 일이 있었어?

친구 4   응! 아까 옆에서 보니까, 화날 법도 한데 꾹 참고 아줌마 말을 끝까
         지 들어주더라고?!

친구 5   맞아맞아! 얼마 안 지나서 그 아줌마 화 풀고 그냥 갔어!

친구 6   와! 우리 친구 너무 멋지다.

때로는 이유를 멀리해야 하는 이유

✦ · ✦ · ✦

삶은 선명한 것보다 뿌연 게 더 많기 때문에 모든 것을 명확히 보고 파헤쳐서 이해하며 살아갈 수 있는 게 아니다.

그러니까, 내게 일어나는 모든 것을 이해하려고 애쓰다 보면 오해와 의문만 늘어날 수 있으니, 때때로 그냥 넘어가는 게 자신을 비롯해 곁에 있는 사람들에게도 좋다.

Episode

친구 1   이해가 안 돼. 그래서 점점 화나려고 해.

친구 2   욕심 아니고?

친구 1   내가 이해한다고 나한테 득되는 게 있어야 욕심이지.

친구 3   그러면 답은 나왔네! 이해하려고 애쓰는 거 멈추면 되겠네.

친구 4   맞아. 그냥 넘어가. 일일이 답 찾지 말고.

친구 5   동감!

친구 1   너희들이 보기엔 내가 좀 이상해 보여?

친구 6   응. 넌 '그냥'보다는 '이유'를 더 사랑하는 것 같아.

알아서 잘 딱 깔끔하고 센스 있게

타인의 결점을 말하기 전 해야 하는 것

✦ · ✦ · ✦

타인의 결점을 고쳐주려는 마음씨는 분명히 훌륭하고 칭찬받을 만한 일이 맞지만, 이기적인 견지에서 봤을 때 훨씬 유익하면서 덜 위험하려면 대차게 모른 척하는 게 맞다.

그런데 꼭 고쳐줘야만 하는 사람이라면 성급하게 대화부터 하지 말고, 해주고 싶은 말을 글로 쓴 후 그 글을 백 번 이상 읽어본 다음 말해줘라.

Episode

친구 1   링컨도 함부로 타인의 결점을 말하지 않았다는데, 네가 왜?

친구 2   내가 좋아하는 동생이라서 그런가 봐!

친구 3   가족도 아닌데, 네가 그런 말 하는 건 아닌 것 같은데?!

친구 4   나도 동감이야. 너 그러다가 관계 끊긴다?

친구 5   맞아. 아무리 좋은 사이라도 너에게 그런 말 들으면 기분 이상할 거야!

친구 6   그래도 네 뜻이 정녕 그렇다면 해주고픈 말을 글로 적고 백 번 정도 읽어.

친구 1   좋은 방법이네. 그만큼 심사숙고가 필요한 거니까!
        일단, 글로 적어보고 결정해.

알아서 잘 딱 깔끔하고 센스 있게

눈에 씐 콩깍지를 벗는 순간이란

✦ · ✦ · ✦

　함께 있는 시간이 길면 좋겠다고 생각하던 촉촉한 마음이 어느새 지배당하고 있다는 공포로 변하고, 챙겨줘서 고맙게 생각되던 따뜻한 관심이 어느새 철창에 갇힌 통제로 느껴지고, 배려라고 생각했던 마음이 어느새 집착과 간섭으로 여겨지고, 차분한 성격이라고 믿었던 진중한 말투는 어느새 주변을 의식한 이미지 관리라는 것을 깨닫게 되는 순간!

　그때가 바로 콩깍지를 벗고 냉정을 찾는 순간이다.

Episode

친구 1   어제 남자친구 전화 받고 나서 비로소 제정신이 든 것 같아.

친구 2   무슨 말이야? 알아듣게 말을 해.

친구 1   어제 갑자기 전화 와서는 "어디야?"라고 하는데, 그 말이 너무 이상
         했어.

친구 3   이제 안 거야?

친구 4   한국말로 대화 좀 해줄래? 무슨 말이야?

친구 3   그러니까, 항상 위치 파악을 하는 이유는 그곳을 피해서 다니겠다는
         말이라고. 다시 말해서 딴 여자를 만날 때, 마주치지 않도록 피하겠
         다는 말인 거지!

친구 1   그러게. 그런 걸 어제 느꼈어.

친구 5   어쩐지! 네가 자꾸 이상하다는 게 그거였구나?

알아서 잘 딱 깔끔하고 센스 있게

사는 동안 잊으면 안 되는 사람

✦ · ✦ · ✦

인생을 살면서 절대 잊어서는 안 되는 세 부류의 사람이 있다.
첫 번째는 내가 어려운 상황에 빠졌을 때 끝까지 도와준 사람이고 두 번째는 어려운 상황에 빠졌을 때 나를 모른 척했던 사람이다. 마지막으로 절대 잊으면 안 되는 세 번째는 도움을 주고 안 주고에 대한 고민에 빠지도록 곤경에 빠뜨린 인간이다.

Episode

친구 1 고마워. 도와줘서 큰 도움이 됐어.

친구 2 아니 뭘! 당연히 도와야지. 😆

친구 1 그리고 이번에 깨우친 건데, 사는 동안 절대 잊으면 안 되는 사람이
        누군지 알게 된 것 같아.

친구 3 이번 일 때문에?

친구 1 아니, 늘 생각하면서 관계에 대해서 의문이 들던 게 있었는데, 정리
        가 됐어.

친구 4 그랬구나! 나도 힘든 일 겪으니까 흐렸던 인간관계가 선명해지더라.

친구 5 그럴 것 같아.
        널 진심으로 걱정해주는 사람들과 그 반대의 차이는 크니까.

친구 6 그것도 그거지만, 널 수렁 속으로 밀어넣은 인간은 절대 잊지 마!

SNS 시대를 사는 사람에게 필요한 것

✦ · ✦ · ✦

사람들은 쏜살같이 지나가는 각자 인생의 시간 중에 가장 이쁘고 멋진 모습을 남기기 위해서 최대한 격하고 열정적으로 사진과 영상을 찍어댄다.

그래서 SNS 시대를 잘 사는 사람은 잠깐의 쪽팔림을 무릅쓸 줄 아는 용기와 짧은 순간을 포착할 줄 아는 집중력은 물론이고 찰나의 표정 연기력까지 겸비하고 있다.

Episode

친구 1   야! 난 더 이상 못 가겠어.

친구 2   그럼 우리끼리 다녀올게.

친구 3   나도 다리 아퍼! 여기까지!

친구 4   그럼 여기 남을 사람은 남고, 갈 사람만 다녀오자.

친구 1   사진 못 찍어서 전생에 한이라도 맺혔어?

친구 3   야! 체력 안 되고 쪽팔림을 못 참는 우리가 문제인 거지! 쟤들이 문제겠어?

친구 5   맞아! 적어도 SNS 시대를 살려면 저 정도 무장은 기본이지!

매일을 행복하게 산다는 것

✦ · ✦ · ✦

아무리 큰 행복도 시간이 지나면 감정이라는 색깔이 빠지기 때문에 큰 행복도 평범한 행복 중 일부에 불과하다.

그러니까, 매일을 행복하게 산다는 것은 밥을 먹고 잠을 자는 평범한 매일을 가슴에 담는 순간부터 시작되는 것이다.

친구 1   오늘 무슨 좋은 일이 있었어?

친구 2   그러게. 무척 즐거워 보인다. ☺

친구 3   아! 너희들을 만나기로 했잖아. 그게 너무 기분이 좋아서 그래.

친구 4   잉? 진짜? 그게 다야?

친구 3   그렇다니까. 너희들과의 오늘 약속이 너무 기다려졌을 정도야. ☺

친구 5   뭐지? 저런 감동 멘트는?

친구 6   듣는 우리도 좋은 사람이 된 것 같아서 기분이 좋다!

친구 3   그리고 또 좋은 건, 오늘 말고 이틀 뒤에 생일파티 때문에 모두 볼
         거잖아! 그날을 기다리는 것도 소풍 가는 날을 기다리는 것처럼 행
         복해!

Chapter 3

오묘하고 애매한 관계

가해자가 알아야 하는 것

✦ · ✦ · ✦

상처받은 사람이 누군가를 다시 믿는다는 건 넘기 힘든 장벽을 어떻게든 넘어야 하는 것과 같다.

그러니까, 가해자 주제에 상대에게 나를 다시 믿어달라고 보채거나 안 믿어준다고 화내는 꼴은 뻔뻔한 이기심에 불과하다는 것을 알아야 한다.

Episode

친구 1   기가 막혀서 화도 아까운데, 자꾸 화가 나!

친구 2   (토닥토닥) 워~워! 왜 그래?

친구 1   뒤에서 욕할 땐 언제고, 이제 와서 자기 진심 안 믿어준다고 화를 내
         고 지랄이잖아!

친구 3   누가? 그 학원 친구?

친구 1   응. 용서는 내가 결정하는 건데, 왜 지가 난리야! 기가 막혀서!

친구 4   그런 애들은 호박씨가 커피숍 메뉴인 줄 안다니까!

친구 5   감정 건조해지니까, 그냥 무시해!

친구 6   맞아. 그런 애들한테 요즘 처벌 트렌드는 개무시야!!

잔소리 속 숨은 의미

✦ · ✦ · ✦

"멋 부리다 얼어 죽어봐야 저승을 알지"라는 엄마의 잔소리가, 어릴 적 내게는 "따뜻함보다 멋이 중요하면 홀딱 벗고 다녀"와 같은 비난으로 들렸다.

그런데, 나이가 들면서 엄마의 잔소리 속 의미는 "따뜻하게 멋 부리는 방법을 찾아"라는 것을 알게 되었다.

Episode

친구 1   야! 안 추워? 지금 온도가 영하야!

친구 2   안 추운데?!

친구 1   알았으니까, 지퍼 잠그는 게 어때? 가슴골 다 보여!

친구 2   진짜 안 추워!

친구 3   추위하고 맞짱 뜨다가 병원 가는 수가 있어!

친구 4   갑자기 울 엄마가 나한테 했던 잔소리가 떠오르네.

            "얼어 죽어봐야 정신 차리지!"

친구 2   친구야. 엄마의 말씀 속엔 숨은 뜻이 있단다. 그게 뭔지 모르겠니?

친구 4   뭐긴 뭐야! 너처럼 추운데 멋 부리다 얼어 죽는다는 거지!

친구 2   아니지. "이쁘게 다니되, 감기 안 걸리게 멋 부려"라는 말이잖아!

친구 1   야! 됐고! 지퍼 올려!

오묘하고 애매한 관계

칭찬을 가장한 음모

✦ · ✦ · ✦

묘한 말본새를 구사하는 사람들은 영혼 없는 칭찬을 바탕에 깔고 모함 섞인 말을 돌려서 표현하기 때문에 듣는 사람들로 하여금 칭찬보다 모함에 집중하게 만든다.

그러니까 칭찬이라는 말 뒤에 숨어 음모를 꾸미는 배후 살인자가 안 되려면 조잡한 생각은 시작도 하지 말고 입 또한 함부로 열지 마라.

Episode

친구 1   아까 했던 말이 무슨 말이야?

친구 2   아~ 트래킹 모임에 친구 따라서 가입했는데, 그 모임에 있는 애가
         내 친구를 칭찬이랍시고 기분 묘하게 돌려 까길래, 참교육 좀 시켰
         다고!

친구 3   좀 자세히 말해봐!

친구 2   내 친구가 화장실 간 사이에 주변에 남은 사람들한테, 내 친구를 순
         하고 착한 사람이라면서 묘한 칭찬을 하더라?!

친구 4   묘한 칭찬?

친구 2   그런데, 가만히 더 들어보니까, 맹해서 이용하기 편하다는 말을 돌
         려서 한 거더라고! 후! 생각하니까 또 열 받네!

친구 5   이런 썩을?!

친구 6   잘했어. 칭찬을 가장한 음모로 호박씨 까는 인간들은 욕먹어도 싸!
         잘했네! 잘했어!

타인의 과거에 대한 매너

✦ · ✦ · ✦

기억하고 싶어하지도 않는 친구의 과거를 갑자기 다시 꺼내서 거론하는 건 친구라는 관계론 뒤에 숨어 교묘하게 해코지하는 것과 다를 게 없다.

그러니까 내게도 잊고 싶은 과거가 있는 것처럼, 다른 사람의 과거 또한 잊어주는 게 눈치다.

친구 1   있잖아! 너 그때, 남자친구하고 헤어진 이유가 뭐라 그랬지?

친구 2   알잖아! 그런데 갑자기 그걸 왜 물어?

친구 1   아니, 좀 전에 네 전 남친이 웬 여자랑 지나가길래, 갑자기 생각나서!

친구 2   내가 물어봤어? 내가 궁금하다고 했냐고? 👿

친구 3   (두 사람 사이에 끼어들며) 왜들 그래? 그러다 싸우겠다!

친구 4   그래! 본 건 본 거고, 헤어진 이유를 알면서 또 묻는 건 아닌 것 같다!

친구 5   (눈치 보면서) 난 아메리카노! 너희들은 뭐 마실 거야?

오묘하고 애매한 관계

가족이기 때문에 해야 하는 말

✦ · ✦ · ✦

　가족이 걱정할까 봐 '힘들다'는 말도 못 하고 버티다가 결국 버티지 못해서 "힘들어"라는 말을 하면, 답답하고 미안한 마음에 "그걸 왜 이제 말하냐"면서 화를 내는 사람이 많다.

　그런데, 그럴 땐 그렇게 말할 게 아니라 "힘들었겠다"라는 말과 함께 이겨냈던 지난날을 이야기해주는 게 가족이다.

친구 1   너 오늘 왜 이렇게 서두르는 거야?

친구 2   아! 어제 내가 남편한테 잘못한 게 있어서. 음식 좀 해주려고….

친구 3   무슨 잘못을 했는데?

친구 2   어제 남편 말에 내가 화부터 냈거든. 그래서….

친구 4   그랬구나. 별일 아니지?

친구 2   아픈대. 아픈데, 걱정할까 봐 지금까지 말을 안 했대.

친구 5   (토닥토닥) 그랬구나! 많이 아픈 거야?

친구 2   (눈물을 닦으며) 다행히 큰병은 아닌데, 그냥 너무 불쌍하고 미안
         해서.

친구 6   남편도 알 거야. 미안하고 걱정돼서 화낸 거라는 걸! (토닥토닥)

오묘하고 애매한 관계

확인 안 된 사실에 대한 올바른 태도

✦ · ✦ · ✦

확인도 안 된 혼자 생각을 장난과 섞어서 사실을 확인한 사람인 양 말하는 것은 "아니면 말고"라는 탈출구를 미리 만든 후 교활하고 간사하게 지적질하는 것과 같다.

그러니까, 확인 안 된 사실은 섣불리 입 밖으로 낼 게 아니라, 개인 소설은 빼고 심플하게 물어보는 버릇을 키우는 게 맞다.

Episode

친구 1   진짜~ 오랜만에 본다. 이게 얼마 만이니?

친구 2   뭐래! 한 달밖에 안 됐거든!

친구 3   너 엄청 이뻐진 것 같은데?

친구 2   갑자기? 아무튼, 고마워! 잠깐만! 나 전화 좀 받고 올게~

친구 4   아! 알겠다. 코 성형한 것 같지 않아? 한 달 동안 모임에도 안 나오

         고 잠잠했잖아!

친구 5   잉? 코가 달라졌어?

친구 4   (코를 만진다) 내 코 높이랑 비슷한 거 같은데?

친구 3   아! 진짜, 그런가?

친구 4   그런 거 같은데? 이미지가 완전히 달라졌잖아? 아니면 말고!

친구 5   으이구! 뭘 그렇게 쑥덕거리냐? 그냥 물어보면 될걸 … .

         저기 오네. 내가 바로 물어볼게!

- -

오묘하고 애매한 관계

뜨거운 사랑과 식은 사랑의 정의

✦ · ✦ · ✦

　뜨거운 사랑이란 때와 장소에 구애받지 않고 "사랑해"라는 고백을 할 수 있는 상태로서 호기심과 설렘이 쪽팔림이라는 담장을 넘어선 것과 같다.
　그리고 식은 사랑이란 "헤어지고 싶다"라는 바람을 넘어 "헤어져"와 같은 통보의 말을 할 수 있는 상태로서 익숙함이 무관심이라는 지붕을 뚫어버린 것과 같다.

Episode

친구 1   너희 둘은 아까부터 뭘 그렇게 고민하는 거야?

친구 2   그 애랑 헤어질까 싶어서! 😭

친구 3   왜 갑자기 이별 타령이야?

친구 4   난 고백할까 싶은데?

친구 5   얼씨구~! 하나는 이별하자고 덤비고 또 하나는 시작하려고 덤비네?

친구 6   진짜로 이별을 생각하는 거면 호기심은 1도 없고 설렘은 바닥난 건
         지 생각해봐!

친구 3   그리고 넌 섣불리 사랑 고백하기 전에 호기심과 설렘만 가득한 감정
         인지 생각해보고!

병원에서도 치료 못 하는 체기

✦ · ✦ · ✦

음식을 잘못 먹어서 체한 건 병원에서 치료받으면 된다. 하지만, 누군가의 입에서 나온 말을 듣고 체한 건 병원 치료를 받아도 낫지 않는다.

그러니까 가까운 사람일수록 체할 수 있는 말은 당연히 가려야 하며, 한 번 보고 다시 볼 일 없는 사람일지라도 체할 수 있는 말은 가려야 원한을 사지 않는다.

Episode

친구 1   그 애 아직 화나 있어?

친구 2   보아하니, 화난 게 아니라 너 때문에 상처받은 것 같았어!

친구 3   아마도 믿었던 사람한테 들었던 말이라서 상처가 큰 거 같아!

친구 4   하기야! 너희 둘 좀 각별한 사이였잖아?!

친구 1   흠! 😵‍💫

친구 5   다른 사람도 아니고, 너한테 자기 단점을 생생하게 듣게 되니까 상
        처가 큰 거 같아!

친구 6   솔직히, 네 잘못도 아니지!
        허심탄회하게 말해달라고 조른 건 그 애잖아!

친구 1   참, 어렵다. 인간관계! 😵‍💫

- -

오묘하고 애매한 관계

짠 것보다 싱거운 게 나은 이유

✦ · ✦ · ✦

음식이라는 게 싱거우면 참으면서 억지로 먹을 수 있지만, 짠 건 참으면서 못 먹는다.

사람도 음식과 마찬가지로 너무 짜고 깐깐하면 아무리 친한 친구라도 계속 옆에 있지 못한다.

친구 1   아! 이제 안 볼래!

친구 2   누굴?

친구 3   그 애 있잖아, 그때 검정 정장 아래위로 입은 애!

친구 4   왜 그러는데?

친구 5   아! 그 애가 좀 짜! 많이!

친구 1   보통 짠 게 아니라, 눈치 없이 너무 짜!

친구 6   성격인 거야?

친구 1   응. 성격이라서 안 바뀔 거 아니까 안 보려고. 어지간해야 만나지! 약속 잡으면 자기 집에서 가까워야 하고, 돈은 10원짜리까지 N빵에….

친구 3   그뿐만 아니라, 모여서 쓰는 돈을 연말정산까지 염두하고서 자기 카드로만 긁어! 그리고 우리한테는 입금해달라고 하고. (고개를 젓는다)

- -

오묘하고 애매한 관계

상처 입은 마음이 통증을 표현하는 방법

✦ · ✦ · ✦

자존심도 감정도 없는 몸은 단순해서 아픔이 느껴지면 심한 통증을 통해서 소릴 지르게 만든다.

반면에 자존심과 감정까지 있는 마음은 거짓말쟁이라서 의식 없는 잠꼬대나 정신 팔린 혼잣말 또는 취중 실수처럼 위장해서 눈물을 흘리게 만든다.

Episode

친구 1   너 어제 주량을 훌쩍 넘겨서 술 마시더라?

친구 2   그래! 머리 안 아파? 속은 괜찮고?

친구 3   속은 괜찮은데, 머리가 너무 아파! (힘든 목소리)

친구 4   그러니까 왜 그렇게 술을 많이 마셔? 마시길!

친구 5   너 요즘 술 마시는 횟수도 잦고, 그때마다 매번 취하더라?

          대체 왜 그래?

친구 3   아! 내가 그랬나?

친구 6   술을 너무 많이 마시는 것도 문제지만, 계속해서 혼자 중얼거렸던 건

          기억 나?

친구 3   내가 혼자서 중얼거려? 뭐라던데?

친구 4   술에 취해서 외계어로 말하는데, 우리가 어떻게 아냐?!

          아무튼, 이제 말해봐. 자존심하고 양말은 벗어놓고!

오묘하고 애매한 관계

무책임을 가장한 경청이란

✦ · ✦ · ✦

평소 말하는 것보다 듣기를 좋아하는 성격의 사람들은 간간이 생기는 뻘쭘한 정적까지 상대에게 해결하라면서 무언으로 책임을 떠넘긴다.

다시 말해서 아무리 평상시 말하는 것보다 듣기를 좋아하는 성격이더라도 간간이 생기는 뻘쭘한 정적쯤은 책임질 줄 아는 게 눈치라는 말이다.

그러니까 정적이 생길 땐, 무책임하게 가만 있지 말고 자신의 의견이나 생각을 말하거나 새로운 주제의 말을 할 수 있도록 대화의 불씨 정도는 제공하는 게 맞다.

Episode

친구 1   말 좀 해!

친구 2   그래! 말 좀 하자! 너 그렇게 조용히 있으면 안 이뻐!

친구 3   다들 얘기하는데, 왜 너만 조용히 폼 잡고 듣는 거야?

친구 4   맞아. 그런다고 해서 별로 착하게 안 보여!

친구 5   이제부터 우리가 말하다가 갑자기 정적 타이밍이 오면, 그땐 네가 말

          해! 오케이?

친구 6   알았어. 알았어. 그렇게!

          그런데, 너희들은 내가 조용히 경청해줘도 난리냐?

친구 1   네가 모르나 본데, 뻘쭘한 분위기 없애려고 노력하는 건 우리야!

          그리고 지금 그 대답은 우리가 네 발언 기회를 뺏는 빌런같이 느끼

          게 만들거든! 으이구!

오묘하고 애매한 관계

시간 끌지 말고 해결해야 하는 것

✦ · ✦ · ✦

혼자 여행 가던 중 길을 잃으면 가는 길을 멈추고 차분하게 지도를 다시 보면 되고, 눈부시게 만드는 이성을 사귀던 중 감정이 식으면 천천히 헤어질 방법을 고민하면 되고, 사업을 하던 중 방향을 잃으면 시간을 가지고 바로잡으면 된다.

하지만, 가족과 다툼이 생겼을 땐 시간 끌지 말고 바로잡아라. 그것이 바로 어떤 일이 닥치더라도 헤쳐나갈 수 있게 만드는 근본이다.

친구 1   얘! 너 오늘 좋은 일 있었어? 표정이 밝네?

친구 2   그러네? 보기 좋다!

친구 3   아침에 엄마가 전화로 "서운하다"라고 하시길래, 회사 마치고 바로
          엄마한테 가서 서운함을 풀어드렸거든.

친구 1   서운한 거 뭐?

친구 3   아픈 엄마는 병원 안 데려가면서 봉이(애완견)는 데리고 간다고.
          서운하셨나 봐.

친구 2   으이구! 네가 200% 잘못했네!

친구 1   그러게. 잘못한 거 맞네. 그래도 잘못한 거 알고 가화만사성을 위해
          서 빠르게 대처해서 기특하다!

현명한 부부 싸움

✦ · ✦ · ✦

남녀가 만나서 아이를 낳고 부부로 살다 보면 사랑하는 동시에 미워하는 마음이 생기지 않을 수 없다.

그럴 땐 무조건 대립해서 당장 이기려 하지 말고 상대가 불쌍하게 보일 때까지 듬뿍 미워해라.

친구 1   지난주 내내 엄마가 말이 없었는데, 그 원인이 아빠 때문이더라고.

친구 2   칼로 물 베기를 하셨나?

친구 3   그래서 지금은 대화하셔?

친구 1   응!

친구 4   그럼, 엄마가 이긴 거?

친구 1   이기고 지고가 아니라, 갑자기 평온해졌어!

친구 5   아무튼, 엄마 기분이 풀린 건가?

친구 6   내가 볼 땐, 엄마가 시간 찬스를 쓴 것 같은데?

친구 1   그런가? 아빠를 맘껏 미워하고 나니까, 불쌍해지더래!

친구 2   와! 정말 진정한 부부다! ◉ʟ◉

타인의 실패가 주는 이득

✦ · ✦ · ✦

독일 속담에 "타인의 실패보다 더 큰 기쁨은 없다"라는 말이 있는데, 이 말은 친구의 실패 소식이 주는 상대적 행복감을 말한다.

여기서 알아야 할 건, 타인이 실패를 편하게 말할 수 있는 멍석은 내가 깔아줘야 한다는 것이다.

그러니까 친구가 말할 땐 하찮은 자랑이나 별것 아닌 의견으로 친구 말을 자르지 말고 집중해서 들어주며 고개를 끄덕여주는 게 필요하다.

Episode

친구 1   얘들아! 다들 조용히 하고… 좀 모여봐!

친구 2   갑가지 왜 이렇게 집중하고 그래? 부담되게?

친구 3   야! 어서 말해봐! 그래서 언제 헤어질 거야?

친구 2   뭘 언제 헤어져? 어제 끝났다니까!

친구 4   와우! 너무 멋있다.

친구 5   깔끔해서 좋네!

친구 1   (웃으며) 그런데, 지금 우리 표정이 너무 즐거운 거 아냐?

친구 2   으이구! 내가 헤어진 게 그렇게 좋아?

친구 3   솔직히, 그동안 우리 앞에서 어찌나 깨소금을 볶아대던지…
          배 아팠는데, 너무 기분 좋네!

친구 2   아주 저주를 해라 저주를 해!

- -

심파극 찍는 사람을 대하는 방법

✦ · ✦ · ✦

본디, 인간은 욕심이 많아서 둘만 모여도 시기나 질투, 경쟁, 배신, 음모, 술책, 알력 다툼 등과 같은 본성을 감출 수 없기 때문에 셋 이상 모이면 불 보듯 뻔한 일이 벌어지게 된다.

그러니까 누군가 접근해서 진심으로 극한의 새드 엔딩(sad ending) 드라마를 촬영하거든, 들어는 주되 함부로 믿지 말고, 위로는 하되 무조건 도와주려 말고, 다독거리기는 하되 마음은 약해지지 마라.

Episode

친구 1   좀 많이 착한 회사 동기가 있는데, 그런 내 동기를 신입 두 명이 뒷담
화를 까더라!

친구 2   헐! 그래서?

친구 1   그런데, 그 인간들이 실수한 일 때문에 책임질 일이 생기니까, 심파
극 찍으면서 내 동기한테 도움을 청하잖아!?

친구 3   그래서 네 동기한테 뒷담화에 대해서 말했어?

친구 1   아니, 아직! 고민 중이야! (한숨 쉰다)

친구 2   네 이야기를 들어보니까, 네 회사 동기가 너무 착한 게 왠지 씁쓸하
다!

친구 1   아무튼, 내가 더 열받는 건 그 신입들이 얼마나 연기를 잘했는지 도
와주기로 했다잖아. 답답해서 미치겠어. (씩씩거린다)

친구 2   그냥 네 동기한테 심파극의 정체를 말해주는 게 어때?
그래야 공평할 것 같은데?

돌려서 하는 말의 포인트

✦ · ✦ · ✦

선배가 오랜만에 후배를 만났을 때 하는 말 중에 "많이 컸네"라는 말은 건방짐을 돌려 말하는 게 맞고, 남자 아기에게 "멋지게 생겼다"라는 말은 잘생기지 않음을 말하는 것이며, 여자 아기에게 "귀엽다"라는 말은 예쁘지 않음을 말하는 게 맞다.

여기서 포인트는 비아냥거리는 마음이 깔렸는지, 안 깔렸는지의 여부다.

친구 1   얘! 대체 이게 얼마 만이야?

친구 2   그러게, 1년은 넘은 것 같은데?

친구 3   그런데, 넌 못 본 사이에 엄청 세련되게 변했다!

친구 4   그러게, 스타일이 살아있어?!

친구 5   봐! 봐! 쟤는 옷도 진짜 잘 입는다니까!?

친구 2   그러니까 너희들 말은 내 얼굴은 여전히 별론데, 딴 건 괜찮다는 거
         지?

친구 6   눈치 빠른 건 여전하네?!

자존심과 쪽팔림이 만드는 병맛

✦ · ✦ · ✦

자존심이 쪽팔림과 결탁해서 이성을 바보로 만들게 되면 일면식도 없는 사람과 고향이나 본관이 같다는 흥미롭지도 않은 이유로 갑자기 친해져서 그 사람의 부탁을 거절 못 하는 현상이 일어난다.

그런데, 웃기지도 않은 건 오랜 시간 동안 옆에서 정을 쏟고 있는 사람의 고충이나 부탁은 쉽게 거절한다는 걸 인식조차 못 한다는 것이다.

친구 1   짜증을 넘어 슬슬 화가 나기 시작하네. 후~

친구 2   왜 그래?

친구 1   너무 잘해주니까, 내가 만만한가?

친구 2   무슨 일이야?

친구 1   내가 먹고 싶다고 할 때는 시큰둥하더니, 식당에서 만난 학교 후배
         는 사주더라?

친구 2   잉? 그게 뭐지?

친구 3   나 같으면, 이별 사유다!

친구 4   대체 뭐지?
         그딴 행동의 정체는 예의도 아니고 정도 아닌 것 같은데?

- -

오묘하고 애매한 관계

남사친과 여사친에 대한 찔리는 일침

✦ · ✦ · ✦

솔직히 남사친과 여사친이라는 단어는 허울만 좋을 뿐, 엄청 신경 쓰이는 게 맞다.

그러니까, 사람친구를 만나고 온 당신에게 민감하게 구는 애인을 탓하기보다 여사친과 남사친 뒤에 숨은 당신의 회색 언행을 분명하고 명확하게 하는 게 중요하다.

친구1   너희들은 남사친과 여사친에 대해서 어떻게 생각해?

친구2   난 인정해. 나도 있으니까.

친구3   커피 마시는 정도라면 인정하고 술은 인정 못 해.

친구4   난 무조건 인정 안 해.

친구5   난, 둘과 함께 만나는 자리를 경험해봐야 결정할 수 있을 것 같아.

친구6   다 필요 없고, 네 남사친과 네 남친의 여사친을 소개팅 시켜줘.

그럼 끝나! ☺

구분하지 않으면 안 되는 부탁

✦ · ✦ · ✦

　동정심과 촉박함과 조급함과 위급함과 절박함과 화급함과 긴박함과 심각함과 위중함을 동원해서 염치없는 부탁을 하는 자의 말은 오로지 차용 목적만을 달성하려는 얄궂은 화술이나 보이스피싱과 다를 바 없다.

　그러니까, 상대방이 급할수록 넉넉한 시간을 방패 삼아 진위 파악과 상환 능력부터 확인해라.

친구 1   왜? 그 애의 절박함이 심각해 보여서 찜찜해?

친구 2   응. 좀 그러네.

친구 3   헐! 우리가 돈 못 빌려주게 해서 그런 거야?

친구 4   그래도 할 수 없어!

          우리가 친구인 이상, 담보도 없이 그냥은 못 빌려줘!

친구 5   그런데, 지금까지 그 애가 너한테 담보 없이 긴박한 스토리텔링으로

          돈 빌려간 적 있어?

친구 2   ….

친구 6   헐! 대답 못 하는 거 보니까, 이미 돈을 빌려준 게 있었나 보네?

친구 3   착한 거니, 멍청한 거니? 나한테도 돈 좀 빌려줘라, 이것아!

오묘하고 애매한 관계

슬픔은 반으로 나누면 안 된다

✦ · ✦ · ✦

　슬픔을 나누면 반이 된다는 말의 이면에는 상대에게 내 짐을 슬며시 나눠지게 함으로써 조금이나마 짐을 가져가도록 은연중에 가하는 압박이 숨어 있다.

　물론, 짐을 반으로 나누려는 의도가 절대 아니라 할지라도 슬픔을 나누면 반이 된다는 말을 담보로 힘듦을 표현하는 건 어느새 서서히 불편함을 싹트게 만들기 때문이다.

친구 1   어디 아파?

친구 2   아니, 그냥 생각이 많아서.

친구 3   무슨 일인데? 말을 해봐!

친구 4   친구끼리 못 할 말이 어딨어?

친구 2   이번 일을 겪고 나서 알게 된 게 있어.

친구 5   그게 뭔데?

친구 2   힘든 일을 말할 땐 돈이 들지 않는 범위까지만 말하는 게 맞다는 생각!

친구 6   무슨 일이 있었구나?

친구 2   암튼, 좋은 관계일수록 슬픔을 나누면 불편해진다는 걸 알게 됐어.

참사랑이 맞는지에 대한 답

✦ · ✦ · ✦

함께 있을 때 서로 마주 보며 웃을 수 없는 관계로 변한 느낌 때문에 참사랑이 아닌 것처럼 느껴진다면 지금 당장 헤어지자고 말해라.

만약, 지금 당장 이별을 말하는 게 망설여진다면 참사랑에 대한 의문은 잠시 뒤로하고, 처음 만났을 때처럼 온 마음을 쏟는 노력부터 다시 시작해본 다음 결론을 내려도 늦지 않다.

Episode

친구 1   너 요즘 우리 모임 출석률이 너무 좋은 거 아냐?

친구 2   내가 그래?

친구 3   그러게, 오빠가 좀 바쁜가 보네?

친구 4   혹시, 둘 사이에 도파민이 고갈된 건 아니고?

친구 2   추측은 사양할게. 솔직히 뭔가 미지근하면서 불편해. 👀

친구 5   그래? 그러면 지금 당장 전화해서 "오빠, 헤어져"라고 말해봐!

친구 1   맞아. 만약 당장 그 말 못 할 거면 다른 생각 말고 처음 만났을 때를
         생각해. 그리고 첫만남 때처럼 잘해줘!
         그러고 결정해도 안 늦어!

친할수록 진심을 피해야 하는 이유

✦ · ✦ · ✦

사람들과 좋은 관계를 꾸준히 유지하기 위해서는 진심이 담긴 참된 마음도 중요하겠지만, 애당초 상대방의 진심 같은 건 묻지도 말고 궁금해하지도 않는 것이 더 좋을 수 있다.

왜냐면, 군이 몰라도 될 말이나 기분이 묘해지는 말을 친한 사람의 입을 통해 들었을 때, 기분이 더 상할 수 있기 때문이다.

Episode

친구 1   너희들은 나의 어떤 점이 좋아?

친구 2   누가 너한테 장점이 있대? 🙂

친구 3   그러게! 여기 있는 우리는 너한테 좋은 점을 느낀 게 없는데? 🙂

친구 4   야! 장난 그만 쳐! 애 울어!

친구 5   아니지! 친구니까, 더더욱 사실은 말해줘야지!

친구 1   (고개를 숙인다)

친구 6   으이구! 너희들은 친구를 꼭 울려야 속이 후련하냐?

친구 1   (고개를 들면서) 괜찮아. 난 충분히 장점이 많으니까.

친구 2   역시! 나왔다! 강한 멘탈! 이게 네 장점이야! 🙂

- - - - - - - - - - - - - -

오묘하고 애매한 관계

사랑하는 마음의 크기보다 중요한 것

✦ · ✦ · ✦

남녀 사이에 큰마음을 가진 사람이 작은 마음을 가진 사람을 품어주면 그 사랑은 순풍에 돛단배처럼 순조롭게 이어진다.

하지만, 아무리 큰마음으로 작은 마음을 품으려 해도 바라보는 방향이 다르면 그 사랑은 부담이라는 풍랑과 다툼이라는 암초에 걸려 난파되고 만다.

Episode

친구 1 나 같으면 엄청 좋겠구만!

친구 2 그건 너니까 그런 거고!

친구 3 그래서 넌, 그게 왜 싫은 건데?

친구 4 오빠가 나를 사랑해주는 마음이 커서 너무 행복하고 좋지만, 아직
       결혼까지는 아니거든! 그런데 오빠는 결혼 이야기를 너무 많이 해!

친구 5 (토닥토닥)

친구 6 그런 말 들으면 넌 어떤 생각이 들어?

친구 4 미안하고, 부담되고…. 😭

친구 5 나 같아도 보는 방향이 다르면 그럴 것 같아!

친구 2 더군다나 좋은 사람이라서 더 미안하겠다!

반칙이 먹히는 게임

✦ · ✦ · ✦

옛말에 의하면 페어플레이를 해야 하는 스포츠 게임과 달리 사랑 게임에서는 반칙 고백을 쟁취의 미덕이라고 했다.

그래서 누군가에게 관심이 생겼지만 어떻게 다가가야 할지 잘 모를 땐, 통상적인 공격 말고 방어할 틈이 없는 오프사이드 고백을 해버리는 게 재수 좋게 골을 넣을 방법일 수 있다.

친구 1   어떻게 됐어?

친구 2   야! 또 너희들끼리만 대화할래?

친구 3   그러게, 한 번만 더 암호로 말하면 안 본다!

친구 4   안 그래도 말하려고 했어. 😄

친구 2   그래서 뭔데?

친구 4   회사에 관심이 자꾸 가는 남자 직원이 있는데, 다른 여직원도 눈독
         을 들이더라고?! 그래서 급한 마음에 점심시간에 자리로 가서 그냥
         말했어! 주말에 영화 보자고!

친구 5   어디서 나온 용기야? 객기야?

친구 4   직원들 앞에서 당당하게 말은 했는데, 완전 쪽팔렸어!

친구 6   페어플레이하면 다른 여직원들한테 질 것 같아서 반칙한 거네?

친구 4   야! 그건 반칙이 아니라 변칙이거든! 😄

오묘하고 애매한 관계

◇ Chapter 4 ◇

어쩌면
내가 나를 가장 모를지도!

지나친 자책보다 먼저 해야 할 것

✦ · ✦ · ✦

직업이나 돈 같은 것을 기준으로 자신을 한심하게 만들거나 의미 없는 사람에게 들은 말 때문에 자신을 큰 하자라도 있는 사람인 양 코너로 몰지 마라.

그것은 자신을 잘 모르는 스스로가 자신을 잘 알고 있다고 생각하면서 휘두르는 생각 폭력에 불과하다.

그리고 지금의 당신은 자신이 생각하는 것보다 더 나은 사람이니까, 자책보다 보살피는 게 먼저다.

친구 1   난 왜 이 정도밖에 안 되는 걸까?

친구 2   (옆 친구들끼리 눈을 마주치며) 네가 뭐가 어때서?

친구 3   그러게! 넌 주변도 잘 챙기고, 친구도 많고, 평판도 좋구만!

친구 4   그거뿐이겠어? 늘 뭐든 열심히 하잖아!

친구 5   그리고 또 아무나 못 한다는 경청 능력까지 갖췄고!

친구 2   맞아. 난 성질이 더러워서 연습해도 안 되던데! 난 부럽구만!

친구 1   좋은 말만 해줘서 진심으로 고마워. 그래봐야 난 실업자라서….

친구 6   (토닥토닥) 지나친 자책은 생각 폭력이랬어.

          그러니까 거기까지만 해!

친구 3   맞아! 계속 실업자로 살 거 아닌데, 그런 생각하지 마!

          자꾸 폭력 쓰면 신고한다?!

어쩌면 내가 나를 가장 모를지도!

자신의 약점을 안다는 것

✦ · ✦ · ✦

"규모 확장을 왜 안 하냐"라고 물었더니, "가게를 늘리는 순간 맛보다 매출에 집착할 성격이라서 규모 확장은 하지 않는다"라고 대답한 맛집 사장님.

여기서 포인트는 자신이 어떤 유혹에 약한지 정확히 알고 있다는 점과 그 약점을 알고 현명하게 대처했기 때문에 성공을 유지하고 있다는 사실이다.

그러니까 자신의 약점을 안다는 것은 성공 가능 확률을 높일 수 있는 눈치 하나를 가지고 있는 것과 같다.

Episode

친구 1   이 식당, 진짜 오래된 맛집인 것 같다! 그치?

친구 2   응! 우리 엄마 친구의 아빠 식당이야!

저기 젊은 할아버지 같은 분이 사장님이야!

친구 3   그래? 울 엄마도 여기 알던데.

그리고 울 엄마는 여기서 모임도 했었대!

친구 4   그만큼 맛이 한결같은가 보다!

친구 2   엄마가 그러던데, 여기 사장님은 돈 때문에 프랜차이즈 사업을 안

하는 거래!

친구 5   그게 무슨 말이야? 돈 때문에 하는 게 아니라, 안 한다고?

친구 2   프랜차이즈를 하면 음식보다 돈에 영혼을 팔 성격이라서 안 한다 그

랬대!

친구 6   아! 자신의 약점을 아니까 통제하신 거구나!

그래서 오랫동안 맛도 성공도 유지하는 거고.

하고 싶은 것을 할 때, 염두할 점

✦ · ✦ · ✦

시간을 두고 여러 번 다시 생각해봐도 옳다는 판단이 드는 일이라면 이기적인 생각이 들더라도 쭉 밀고 나가라.

왜냐면, 그런 생각은 경험을 통해서 결과를 확인해야만 끝나는 고민이기 때문이다. 단, 책임이라는 무거운 등짐 정도는 충분히 지도록 해라.

친구 1   요즘 눈을 뜨면 한 가지 생각만 자꾸 떠올라.

친구 2   그게 뭔데?

친구 1   소설을 쓰고 싶다는 생각!

친구 3   아! 너 예전에도 그 말을 했던 것 같은데… 아냐?

친구 1   맞아. 그런데 이번에는 그 생각이 너무 많이 들고, 좀 더 간절해.

친구 4   그럼 해야지. 네가 너무 하고 싶은 거면 하는 게 맞아!

친구 5   동감이야. 그렇게 갈망하는 건 경험을 해봐야 결론이 나!

          그러니까 해봐!

친구 1   그런데, 문제는 그걸 시작하면 아르바이트 하나를 접어야 해서, 그
          게 고민이야.

친구 6   감당할 책임의 한계 용량이 어디까지인지가 관건인 거네?

어쩌면 내가 나를 가장 모를지도!

자기학대는 한 번으로 족한 이유

✦ · ✦ · ✦

어렵고 힘든 일에 직면했을 땐 당연히 최선을 다해서 뚫고 나가는 게 맞다. 하지만, 해결하지 못했더라도 지나친 자기학대는 반복하는 게 아니다.

왜냐면 자기학대는 백해무익한 담배와 같아서 반복할 경우 돕고 싶어하던 사람들의 진심마저 지긋지긋함으로 변하게 만들기 때문이다.

Episode

친구 1 있잖아! 이런 말하기는 좀 그렇지만, 오늘을 우리끼리 저녁 먹으면 안 될까?

친구 2 (멀뚱멀뚱) 응? 우리끼리?

친구 3 그래! 그러자. 우리끼리 먹자.

친구 4 나도 찬성!

친구 5 나도!

친구 6 알아서들 해! 난 상관없어.

친구 2 (눈치 보면서) 그런데 왜 그런지 물어봐도….

친구 6 왜긴 왜야! 만날 때마다 힘들다는 얘기만 하니까 오늘만큼은 우리 끼리 놀자는 거지!

어쩌면 내가 나를 가장 모를지도!

함부로 자신을 두둔하면 안 되는 이유

◆ · ◆ · ◆

사람들은 누구나 바른 생각과 착한 마음을 가지고 열심히 산 죄밖에 없다고 믿기 때문에 손해 볼 일이 눈앞에 닥치면 억울함을 감추지 못한다.

그런데, 자신이 아무리 옳게 살았다고 주장하더라도 세상 어느 누군가에게는 굉장히 재수 없고 나쁜 인간일 수 있기 때문에 자신을 무조건 두둔하면 안 된다.

친구 1   왜 이렇게 넋 놓고 앉아 있어?

친구 2   오늘 좀 황당한 사실을 알게 돼서!

친구 3   뭔데 그래?

친구 4   심각한 것 같은데?

친구 2   나도 모르는 교회 사람이 날 싫어한다고 말을 하더라고.

친구 5   그걸 어떻게 알았어?

친구 2   내가 뒤에 있는 줄 모르고 욕을 하더라고.

            황당함이 아직도 안 가셔!

친구 6   너답게 대차게 무시해버려! 그리고 모르는 사람이라며?

친구 2   응. 안 그래도 모른 척했어!

친구 4   잘했어! 그리고 왜 그런 말 있잖아? 아무리 착하게 살아도 세상의

            어떤 한 놈한테는 '쌍놈'일 수 있다고!

어쩌면 내가 나를 가장 모를지도!

모르겠다는 말이 거짓말인 이유

✦ · ✦ · ✦

　인간 뇌의 일부인 시상하부는 간뇌를 구성하는 한 부분으로서 스트레스나 불안감 또는 욕망이나 흥분과 같은 감정 조절 호르몬을 분비해서 행동과 생리적 반응은 물론이고 감정 표현에까지 영향을 미친다.

　즉, 자기도 모르게 술 마시고 했던 말이나 행동은 숨어 있었거나 감췄던 감정이 분출된 것이기 때문에, 자신의 진심을 모른다는 말로 치부하는 것은 억지로 회피하는 것일 뿐이다.

Episode

친구 1 어제 일 기억 안 나?

친구 2 어제? 필름이 끊긴 게 아니라, 통째로 잃어버린 것 같아.

친구 3 그래. 그렇게 모른 척하는 게 나을 거야!

친구 4 맞아! 기억나면 너만 손해니까!

친구 5 으이구! 어제 왜 그런 거야? 술이 아무리 떡이 됐어도 그렇지!

　　　　전 남친한테 전화하는 건 좀 그렇지 않니?

친구 2 아! 짜증나!

　　　　(머리를 쥐어뜯으며) 내가 미쳤나봐! 술이 원수다 원수!

친구 6 기억하네? 기억하면서 모른 척은 왜 하냐?

친구 2 자세하게는 안 나는데, 아침에 문자가 와 있어서 알았어. 띄엄띄엄

　　　　기억나기는 해! 안 그래도 쪽팔려서 미치겠어! 후~

마음의 두께 문제

✦ · ✦ · ✦

매번 못되게 굴던 사람이 어쩌다 한 번 잘해주면 엄청 고맙지만, 항상 잘해주던 사람이 어쩌다 한 번 서운하게 하면 원망한다.

중요한 건 타인이 내게 잘해주냐 못해주냐의 문제가 아니라, 양은 냄비같이 얇은 내 마음의 두께가 문제니까 상대방의 언행에 휘둘리지 마라.

Episode

친구 1   왜 갑자기 울어?

친구 2   오빠가 나하고 만난 지 500일인데, 그걸 모르고 있더라고.

친구 3   아! 그래서 화나? 서운해?

친구 2   둘 다! 100일부터 400일까지 늘 챙겼는데, 오백일을 잊는다는 게
        말이 돼?

친구 4   무슨 일이 있겠지.

친구 5   너 혹시, 사랑이 식었을까 봐 불안한 거 아니야?

친구 2   그런 맘도 없진 않아….

친구 6   나 같으면 기다리기보다 먼저 해주고 싶을 거 같은데? 넌 어때?

친구 1   맞네! 그게 진정한 500일 이벤트일 것 같은데?

친구 6   그래! 이번에는 네가 오빠한테 이벤트를 해줘.
        기다리면서 속 끓이지 말고!

179

인정하는 게 힘든 이유

✦ · ✦ · ✦

　지금 내 결정이 올바르다 해서 모든 결과가 옳지만은 않다
는 것을 누구나 알지만, 실수나 잘못된 결정을 인정하는 건 힘
든 게 맞다.

　왜냐면, 항상 자신의 판단이 옳기만을 바라는 생각과 다칠
수 있는 자존심을 지키고자 하는 마음이 서로 끌어안고 있기 때
문에 틀림을 인정해야 하는 게 맞지만, 한없이 힘든 것도 맞다.

Episode

친구1   내 동생 말을 빌리자면, 무조건 자기 의견이 맞대!

친구2   뭔데 그렇게 고집을 부리는 거야?

친구3   아! 쟤 동생이 엄마 생일 선물로 와인을 준비했는데….

친구4   그게 뭐 잘못된 거야?

친구1   울 엄마는 먹고 없어지는 선물보다 계속 남는 걸 좋아하거든!

친구5   네 동생이 엄마 취향을 모르나 보네!

친구1   아무튼, 내 말에 대해서 인정을 안 해, 인정을.

친구6   당연히 인정 못 하지. 인정하면 엄마 취향도 모르는 딸이 되는데, 너
       같으면 쉽게 인정이 되겠니? 😬

어쩌면 내가 나를 가장 모를지도!

강한 사람조차 무너지는 순간

+ · + · +

강철 같은 강건함으로 승승장구하던 사람도 슈퍼맨처럼 버티지 못하고 무너져 내리는 순간은 있다.

그 순간이란 신보다 더 많이 믿었던 내 몸이 아플 때이다.

그러니까 삶의 전장에서 항상 이기는 슈퍼맨이 되려면 자기 몸부터 돌보는 게 먼저다.

Episode

친구 1   뭐라도 먹으면서 울자. 응?

친구 2   그래, 울기만 하면 기운 빠져서 울 힘도 없어져!

친구 3   너무 억울해서 눈물이 그치질 않아! 😭

친구 4   나 같아도 그럴 것 같아!

친구 5   (조심스럽게) 무슨… 일이야?

친구 6   아! 그게… 아픈 걸 참으면서 한 달 고생 끝에 자료를 완성했는데,
         쓰러지는 바람에 준비한 자료를 제출조차 못했대!

친구 5   (토닥토닥) 아이고! 이를 어째. 흠!

대단한 뭔가를 믿기 전 인지해야 할 것

✦ · ✦ · ✦

프랑스 작가 볼테르는 신성로마제국은 신성하지도 않고 로마도 아니며, 제국은 더더욱 아니라고 말했다.

그러니까 만약, 지금 대단한 뭔가를 믿는 중이라면 그것은 혼자만의 착각일 수 있으니까 한번쯤 거릴 두고 다시 생각해보는 시간을 가지는 게 필요할 때라는 것을 인지해야 한다.

Episode

친구 1   얘들아! 쟤 좀 어떻게 해봐!

친구 2   왜?

친구 3   (짜증 섞인 말투로) 저 인간 남친한테 빠져서 올인하고 있거든!

친구 4   잉? 그럴 만한 이유가 있어서 빠진 거겠지….

친구 5   내가 듣기로는 남친 얼굴은 연예인이고 성격은 유느님이래!

친구 6   콩깍지 늪의 깊이가 땅끝인가 보네!

친구 1   웃을 일 아냐! 다 퍼주게 생겼어!

         좀 떨어져서 사람을 보라니까, 정신을 못 차려! 👹

나를 지키기 위해서 허용해도 되는 것

✦ · ✦ · ✦

보고 싶은 것만 보고, 믿고 싶은 것만 믿고, 기억하고 싶은 것만 기억하려는 게 결코 나쁜 것만은 아니다.

왜냐면, 보고 싶은 것만 봐야 괴로움으로부터 탈출할 수 있거나, 믿고 싶은 것만 믿어야 불안감이 옥죄지 않거나, 기억하고 싶은 것만 기억해야 자신을 지킬 수 있다면 너무 많은 것을 보고 믿고 기억해서 길을 잃는 것보다 낫기 때문이다.

눈치학개론

Episode

친구 1   뭐 하는데, 전화를 안 받아?

친구 2   (덜 깬 목소리로) 잤어. 어제 늦게 잠이 들어서….

친구 3   왜? 어디 아파? 너답지 않은 행동인데?

친구 2   어제 잠을 못 잤어. 머리가 복잡해서….

친구 4   또 생각한테 발목 잡힌 거야?

친구 5   으이구! 이제는 좀 버릴 건 버리고 잊을 건 잊고 살자!

친구 6   맞아!
          그렇게 하는 건 이기적인 게 아니라, 선택적 방어 기질이라잖아!

어쩌면 내가 나를 가장 모를지도!

자신의 능력을 똑바로 본다는 의미

✦ · ✦ · ✦

　자신이 가진 특별한 재능은 분명히 능력이라 말할 수 있지만, 그 재능이 최고들과 있을 때 어정쩡한 평가로 다가온다면 되려 희망고문과 같은 저주일 수 있다.

　왜냐면 혼자만 생각하는 재능은 자칫 인생의 방향과 목표를 가로막는 장애물이나 함정과도 같을 수 있기 때문에 자신의 능력을 신랄하게* 평가할 줄 알아야 한다.

＊ 맛이 아주 쓰고 맵다는 뜻에서 비롯되어 날카롭고 예리한 분석의 뜻으로도 쓰이는 형용사입니다.

친구 1   아까 그 친구는 요즘 뭐 해?

친구 2   아! 무역회사 다니고 있을걸?

친구 3   누구 말하는 거야?

친구 4   왜! 그 친구 있잖아? 노래 정말 잘한다던 친구!

친구 5   그 친구, 꿈이 가수라고 안 했어?

친구 2   맞아. 그런데 서울 다녀오더니, 노래는 취미로만 한다더라고.

친구 6   냉정한 현실을 경험했구나!

          일찍 받아들이는 것도 현명한 일일 수 있지.

어쩌면 내가 나를 가장 모를지도!

인간이 약하니까 해야 하는 것

✦ · ✦ · ✦

본디 인간은 약한 존재라서 모든 걸 극복하고 해결하지 못할 뿐만 아니라, 매 순간 힘들어하고 아파하는 것이 당연하다.

그렇기 때문에 자신에게 너무 엄격하게 굴면서 자책하거나 성공과 실패에 일희일비*하기보다 시작과 재시작 그리고 도전과 재도전만 반복하면 된다.

---

* 일희일비(一喜一悲)는 '한 번 기뻐하고 한 번 슬퍼한다'는 뜻으로, 감정의 변화가 빠르고 심한 것을 의미합니다.

Episode

친구 1   원래 시험지에는 빨간색 동그라미가 없어야 좋은 거 맞지?

친구 2   으이구! 또 그런다. 또!

친구 3   (혀를 차며) 그러게! 애가 네 눈치 본다고 숨이라도 쉬겠니?

친구 1   잘 놀아! 잘 자고, 잘 먹고. 딱~ 공부만 안 해!

친구 4   얘! 우리 애가 그러는데, 네 애는 학교에서 쉬는 시간에도 공부하고

              그랬대~?!

친구 5   오오~ 대단하네!

친구 6   너, 그러다 아이가 '재도전'이라는 단어를 머릿속에서 영원히 지우는

              수가 있다!

친구 2   맞아! 시작하고 또 시작하는 걸 지치지 않는 게 어디야!?

              그러니까 그만 닦달해!

친구 1   알았으니까 그런 말 하지 마! 무서워!

어쩌면 내가 나를 가장 모를지도!

내성적 성격을 가진 사람의 생각

✦ · ✦ · ✦

사람들에게 먼저 다가가지 못하는 사람의 성향은 애당초 좋아하지 않으면 상처받을 일이 없고, 괜히 친해지려고 다가갔다가 머쓱해지느니 약간의 외로움이 나으며, 크게 원하는 게 없으면 갖고 싶은 마음도 안 생기니까 속 편하고, 쉽게 마음을 주지 않으면 슬플 일도 별로 없다고 믿으면서 자신을 합리화한다.

Episode

친구 1   주말에 뭐 했어?

친구 2   너희들한테서 연락이 없어서… 그냥 집에 있었지.

친구 3   참나원! 연락을 하지? 너 혹시 자존심 세우는 거야?

친구 2   (놀란 목소리) 뭐래! 내가 너희한테 무슨 자존심을 세워!

친구 4   야! 넌 쟤를 모르냐? 쟤는 원래 외로움하고 제일 친하잖아!

친구 5   으이구! 하여튼 신경 쓰이게 만드는 데 재주있다니까.

　　　　다음부터는 네가 먼저 연락해도 경찰이 너 안 잡아가기로 했으니까,

　　　　네가 먼저 연락해!

친구 2   알았어! 다음엔 내가 먼저 연락할게! 😄

친구 6   뭐지? 약속이야? 다짐이야? 색깔을 분명히 해!

친구 2   약속할게! 다음주 주말에는 내가 먼저 연락할게!

어쩌면 내가 나를 가장 모를지도!

잘못한 사람이 하면 안 되는 것

✦ · ✦ · ✦

사람들은 자신의 잘못을 들켜 욕을 먹고 나면 어쩔 수 없었거나 그랬을 법한 타당한 이유가 있었던 것처럼 제3자에게 설명한다.

그런데 여기서 알아야 할 것은 자신만 빼고 제3자는 대부분 알고 있다는 것이다.

그것은 바로 그대의 말이 핑계와 변명이라는 것과 측은지심 때문에 모른 척하고 들어준다는 것이다.

Episode

친구 1   참나원! 그러고도 네가 친구냐?

친구 2   약속을 어긴 건 너거든!

친구 3   목소리 좀 낮춰!

친구 1   그럴 만한 이유가 있었다고 설명했는데도 짜증만 내잖아.

친구 2   참나! 기가 막혀서… 당연하지 않니?

          너희들도 들었을 거 아냐? 그게 이해되든?

친구 4   (토닥토닥)

친구 1   야! 너희들이 생각해도 내가 죽을죄라도 진 거 같아?

친구 5   음! 그게 그러니까….

친구 6   흠!

어쩌면 내가 나를 가장 모를지도!

규칙적인 일상에서 필요한 것

✦ · ✦ · ✦

곧게 위로 자라는 대나무도 더 곧게 자라기 위해서 마디를 만들듯 사람 또한 규칙적인 일상을 유지하기 위해서는 때때로 불규칙한 삶의 무늬를 만드는 것이 필요하다.

그러니까, 수년째 매일 똑같은 일상 속에서 "왜 살지?"라는 질문이 찾아오거든 어떤 하루쯤은 내일이 오지 않을 것처럼 파격적인 유희를 즐기고 규칙적인 일상에 금이 가도록 불규칙한 시간을 보내라.

친구 1   뭐야? 아직 안 왔어?

친구 2   응. 오늘 못 나온다네.

친구 3   왜? 무슨 일인데?

친구 4   그러게. 약속을 어기는 애가 아니잖아?

친구 5   어제 난생처음으로 음주를 했는데, 몸이 너무 아프대.

친구 6   별일이네! 빈틈없는 계획형 인간이 어쩐 일이래? ◉₀⁰◉

친구 2   아! 어제 갑자기 생활 루틴을 깨고 싶더래!

친구 6   하기야! 그게 삶이지. 로봇도 아니고.

어쩌면 내가 나를 가장 모를지도!

상식적인 세상을 만드는 방법

✦ · ✦ · ✦

본디 사람은 억울해서 죽을 것 같은 경험을 몸소 겪어봐야만 편법이 합법에게 지고, 비매너가 매너에게 지고, 생존 본능이 공존에게 지고, 증오가 용서에게 지고, 냉정이 온정에게 지고, 불의가 정의에게 지고, 폭력이 비폭력에게 지기를 바라게 된다.

그러니까 합법과 매너와 공존과 용서와 온정 그리고 정의와 비폭력이 반대 세력을 이기게 만들고 싶거든 지금의 나부터 삶을 대하는 생각과 태도를 바꿔야 한다.

Episode

친구 1   세상이 너무 불공평한 것 같아.

친구 2   그걸 이제 알았어?

친구 3   왜? 손해라도 본 거야?

친구 4   그러게! 어지간하면 합법이니, 용서니 하면서 관대한 척하더니….

친구 1   야! 너희들은 친구가 억울해하는데, 그렇게 말하고 싶어?

친구 5   (토닥토닥) 미안해! 내가 친구들을 대표해서 사과할게.

          바다 같은 네 관대함으로 용서해!

친구 6   그래. 너의 온정이 친구들의 삐딱선을 이해할 수 있을 거야?!

친구 1   그만하라고!

친구 5   알았어. 미안. 장난이야! 울지 마!

어쩌면 내가 나를 가장 모를지도!

헌 옷 정리로 배우는 매너 이별

✦ · ✦ · ✦

　내 몸이 작아지거나 커지는 바람에 더 이상 찾지 않는 헌 옷은 한때 내가 첫눈에 반해서 연정을 품었던 존재라는 걸 잊어서는 안 된다.

　다시 말해서 지금은 비록 정리하는 헌 옷일지언정 그때 그 시절에 느낀 설렘과 고마움 정도는 간직한 채로 정리하는 게 옷에 대한 매너다.

Episode

친구 1   뭐 하고 있었어?

친구 2   옷장 정리했어.

친구 3   속이 후련하겠네?

친구 2   그런데 옷장 정리하면서 옷을 보는데… 얼마 전에 헤어진 그 오빠 생각이 나더라!

친구 4   왜? 그 오빠가 사준 옷만 정리한 거야?

친구 2   아니, 그게 아니라… 한때 내가 첫눈에 반해서 샀던 옷이고, 그래서 엄청 자주 입고 다녔던 옷이었다는 생각이 드니까… 꼭 그때 그 오빠 같다는 생각이 들더라고.

친구 4   뭐야! 갑자기! 울려고 그러냐?

친구 5   아이고! 우리 친구는 감정이입 하나만큼은 국가대표다, 대표야! (토닥토닥)

어쩌면 내가 나를 가장 모를지도!

종이책의 자존감

✦ · ✦ · ✦

종이책은 전자책이 자신보다 훨씬 편리하다는 것을 알고 있다.

하지만, 종이책은 자신만이 가지고 있는 아날로그적인 매력을 알기 때문에 전자책보다 편리해지려고 애쓰지 않는다.

그러니까 지금의 당신 또한 다른 사람들과 비교할 시간에 자신의 매력부터 찾는 게 맞다.

친구 1 너 오늘 왜 이렇게 말이 없어?

친구 2 좀 초라한 느낌이 들어서…. 👀

친구 3 무슨 말이야? 네가 왜 초라해?

친구 2 나도 너처럼 이쁘면 좋겠는데… 흠! 이쁜 구석이 없어서인지 남자애
        들이 연애 고민 상담은 해도 사귀자고는 안 해!

친구 4 김밥 옆구리 터지는 소리 하고 자빠졌네!

친구 2 흠! 장난 말고 냉정하게 날 평가 좀 해줘 봐! 지금 그게 필요해! 👀

친구 5 진짜 몰라서 묻는 거야? 쩝! 👀
        좀 짜증은 나지만, 내가 말해줄게. 네 매력은 편안함이고, 네 능력
        은 남자들이 알아서 찾아오게 만든다는 거야!

친구 1 맞아! 그래서 너랑 썸타려고 남자애들이 연애 고민 핑계로 널 보러
        오는 거잖아!?

친구 6 몰랐어? 아무튼, 그런 고민할 시간에 우리한테 그 남자들이나 소개
        좀 시켜!

- -

어쩌면 내가 나를 가장 모를지도!

난관 앞에서 하면 안 되는 2가지

✦ · ✦ · ✦

누구나 살다 보면 힘겨운 난관에 직면할 때가 있는데, 그때 절대 해서는 안 되는 두 가지가 있다.

첫 번째는 자신을 향한 원망의 화살을 막아주면서 합리화까지 가능하게 만드는 원인만을 빠르게 찾는 것이며, 두 번째는 어쩔 수 없는 원인 때문이라는 핑계 뒤에 숨어서 아무것도 하지 않고 시간만 보내는 행위다.

Episode

친구 1　기운을 차리려고 해야지. 이렇게 방 안에만 있을 거야?

친구 2　그때, 엄마만 아니었으면 무리하게 돈 투자 안 했을 텐데… 후!

친구 3　너답지 않게 엄마 핑계 대면서 시간만 버릴 거야?

친구 4　그래. 맞아.

　　　　일단 급한 불부터 끄게, 우리가 힘을 모아볼게. (토닥토닥)

친구 5　너답게 빨리 정신 차려!

　　　　원래의 너라면 누구 탓할 시간에 방법부터 찾잖아!

친구 2　미안해. 그리고 고마워.

친구 6　일단. 신고 먼저 하고 기운 좀 차리게 밥부터 먹자!

어쩌면 내가 나를 가장 모를지도!

때때로 쉬어도 되는 이유

✦ · ✦ · ✦

눈코 뜰 새 없는 생활 속에서 잠깐 쉬는 것은 자기 자신에게 지는 것도 아니고 퇴보하는 것도 아니며 나약해지는 징조도 아니다. 단지, 자동차가 달리다 보면 반드시 기름을 넣어야 할 때가 찾아오는 것처럼 주유할 시간이 필요할 뿐이다.

그러니까, 자기계발이나 미래를 위해서라는 명분으로 쉴 틈 없이 자신을 다그치지 말고 때때로 쉬어도 된다.

Episode

친구 1   어제 퇴사했다며? 그런데 얼굴이 왜 이래?

친구 2   엊저녁에 잠을 못 자서 그래! 👀

친구 3   왜? 어디 아파?

친구 2   (머리를 양손으로 잡으며) 그게 아니라, 이제 어쩌지라는 생각 때문에 불안해서….

친구 4   (토닥토닥) 이제 겨우 쉬는 거잖아. 쉴 때는 좀 편하게 쉬어!

친구 2   뭐라도 안 하면 불안하고, 하루가 그냥 지나갈까 봐 초조해!

친구 5   그랬구나. 나만 그런 게 아니네! 나도 그 느낌 알겠거든.

친구 1   맞아. 조급한 마음이 불안 초조로 변해서 뱀같이 온몸을 휘감는 그 느낌! 나도 알아!

친구 6   흠! 세상 사람들 대부분이 느끼는 감정 아닐까?

친구 3   그러니까, 평생 쉴 것도 아닌데 불안 초조 따위에 지지 말고, 푹 쉬어! 그래야 내일부터 불안 초초랑 또 맞짱 뜨지!

친구 2   알았어. 그럼, 난 이제 뭐 하면서 쉬면 돼? 아니, 쉴 때는 뭐 해?

어쩌면 내가 나를 가장 모를지도!

들꽃이 당신과 닮은 이유

✦ · ✦ · ✦

생명력이 질겨서 아무 데서나 편하게 잘 자라는 식물이라고 알려진 들꽃의 실상을 들여다보면, 그 어떤 것도 막아주지 않는 황량한 들판에서 세차고 모질게 부는 비바람과 싸워 챔피언 벨트를 쟁취한 과거가 있다는 것을 알게 된다.

뿐만 아니라, 뜨거운 열기는 물론이고 차갑고 냉혹한 기온에도 굴하지 않았으며, 구둣발에 밟히는 상황에서도 묵묵히 참고 견디면서 거침없이 위로 솟아올라 꽃까지 피웠다.

그래서 들꽃이야말로 흔들림 없는 의지와 멘탈을 가진 지금의 당신과 닮았다고 말하는 것이다.

Episode

친구 1   나 잘하고 있는 거 맞겠지? 👀

친구 2   잘하는 거 맞아. 그냥 말로만 하는 칭찬 아냐!

친구 1   그래? 정말로 그런 거면 좋겠다. 후!

친구 2   내가 아는 넌 어떤 상황에서도 꿋꿋하게 잘 버텨내는 힘을 가졌어!

친구 3   그리고 넌 그냥 버티는 걸 넘어서, 달팽이처럼 늦을 수 있지만 전진하는 게 보여!

친구 4   맞아! 너의 고됨을 아는 내가 봐도 넌 항상 뚫고 나가고 있잖아! 지금도 그렇고!

친구 5   난 널 보면, 힘들 텐데도 불구하고 항상 밝은 게 고맙게 느껴져!

친구 2   맞아. 그래서 네 별명이 들꽃이잖아! 😊

친구 3   그리고 만장일치로 말하건대, 넌 우리 중에 최고야!

어쩌면 내가 나를 가장 모를지도!

어려운 문제라고 생각하는 이유

✦ · ✦ · ✦

사람들이 살면서 어렵다고 생각하는 세 가지 중 첫 번째는 가슴 뛰게 하는 일을 찾는 것이고, 두 번째는 설레는 인연을 만나는 것이며, 세 번째는 외국어 하나를 점령하는 것이다.

그런데, 이 모두가 어려운 이유는 '귀차니즘'과 결탁하고 포기와 손잡다 보니, 도전하려는 마음조차 배신이라 생각되기 때문이다.

Episode

친구 1   난 그냥 이렇게 사는 게 맞나? ◑‿◐

친구 2   왜? 지금 하는 일이 힘들어?

친구 1   힘든 것도 힘든 건데, 문득, 하고 싶은 거 하면서 살고 싶다는 생각이
          들어서.

친구 2   너, 저번에도 그렇게 말한 것 같은데?

친구 1   내가 그랬나?

친구 2   그래서 하고 싶은 건 찾았어? 알아는 봤고?

친구 1   아! 아니! 그냥 머릿속에서 생각하는 정도?

친구 2   생각만 하지 말고 하고 싶은 게 뭔지 리스트 작성부터 해봐!
          그리고 그걸 하나씩 알아보고!

친구 3   맞아. 알아봐야 계획도 세우고, 시작할지 말지 결정도 하지!

친구 1   알았어. 시간 날 때 리스트 만들어볼게!

친구 2   너 혹시, 막상 하려니까 귀찮거나 얼마 못 가서 포기할까 봐 쪼는 건
          아니지?

친구 3   설마! 귀차니즘이나 포기가 친구도 아닌데, 배신하면 어때서?

어쩌면 내가 나를 가장 모를지도!

결혼 전 해보면 좋은 예행연습

✦ · ✦ · ✦

　혹시, 진실한 반려자를 만날 수 있다는 즐거운 상상을 하고 괜찮은 집에서 여유로운 결혼생활을 하는 모습을 꿈꾸며 인형 같은 아이와 단란한 가족을 만드는 것이 미래의 목표라면, 무턱대고 반려자부터 찾지 말고 자신의 상상과 뜨거운 사랑부터 하고 즐거운 꿈과 결혼한 다음 희망과 생활부터 해봐야 한다.

　왜냐면, 상상력은 한계가 있고, 꿈은 얼마 지나지 않아 깨기 마련이며, 희망은 꼭 이뤄진다는 보장이 없기 때문이다.

눈치학개론

Episode

친구 1   어제 능력남과 결혼하는 꿈을 꿨는데, 얼굴이 생각이 안 나!

친구 2   평소 상상력이 만든 꿈이네! 그러니까 생각이 안 나지!

친구 3   뭐가 됐든. 결혼은 해도 안 해도 후회한다니까, 이왕이면 해보고 후
         회하는 게 어때?

친구 4   너부터 해보고 말하는 게 어때?

친구 5   그것도 중요한데, 끝까지 사랑해서 함께 생을 마감할 거 아니면….
         그냥~ 결혼은 안 하고 애인처럼 오래 사귀는 사이도 좋지 않나?

친구 6   그것도 방법일 수 있고… 내 생각은 결혼은 하되, 각 방 쓰는 걸 추
         천해. 그래야 서로 이쁘고 잘난 모습만 보니까, 설렘이 유지되잖아!

친구 1   오! 그거 좋은 생각이다. 👀

친구 2   그럼 지금부터 상상 속 남자랑 결혼부터 하고 네 희망 사항을 안고
         일상을 보내봐! 한 달 후에도 결혼하고 싶으면 진짜 결혼 추진하고
         각방 신혼을 시작해봐! 어때?

어쩌면 내가 나를 가장 모를지도!

몸이 시키는 대로 해야 하는 이유

✦ · ✦ · ✦

이상하게 몸이 무거워 만사가 귀찮은 날이 한 번씩 있는데, 그럴 땐 함부로 머리가 나서지 못하게 생각을 멈추고 몸이 원하는 대로 따라줘야 한다.

몸은 아무리 힘든 상황에서도 머리가 시키는 거라면 항상 군소리 없이 모두 따라줬으니까, 하루쯤은 몸이 시키는 대로 모든 걸 따라주는 게 맞다.

Episode

친구 1   목소리가 왜 그래?

친구 2   어디 아픈 거 아니야?

친구 3   아니, 아프다기보다 만사가 귀찮고 의욕이 없어.

친구 4   그럼 무조건 쉬어야지. 👀

친구 3   이것만 하고 쉬려고 했는데, 손에 안 잡혀! 👀

친구 5   그럴 땐, 잔머리도 굴리지 말고 몸부터 쉬게 만들어!

그리고 지금 제일 하고 싶은 게 뭐야?

친구 3   침대에 누워서 얼굴 마사지 받으면서 자고 싶어.

친구 6   그러면 오늘만큼은 몸을 춘향이처럼 대접하고 머리를 향단이로 취

급해!

어쩌면 내가 나를 가장 모를지도!

자기만족 뒤에 숨은 본심

✦ · ✦ · ✦

두 손에 아무리 멋지고 비싼 것을 가지고 있다 해도 그것들에 대해서 전혀 관심 없는 사람들에게는 별거 아니다.

다시 말해서 제아무리 귀하고 근사할지라도 혼자만의 생각일 수 있으니, 자기만족이라는 말 뒤에 숨어 아닌 척 우쭐대거나 자랑질하지 마라. 오히려 없어 보인다.

친구 1   얘~! 지금 들고 있는 가방 이쁘다?

친구 2   오~! 그 말로만 듣던 명품?

친구 3   아! 별거 아니야! 👀

친구 4   뭐지! 대수롭지 않다는 여유로움 뒤에 숨은 우쭐댐은?

친구 5   (갑자기 끼어들며) 너희들 내 가방 브랜드 알겠어?

친구 1   어떤 거? 너 가방 들고 왔어?

친구 5   이거 안 보여? '검은 비닐봉지'라고⋯. 👀

친구 6   에게! 내 가방 브랜드는 '누런 쇼핑백'이거든!

          검은 비닐보다 훨씬 비싸! 😊

친구 4   그러면 정리됐네!

          오늘 커피는 제일 비싼 브랜드 가방을 가진 네가 사! 😄

친구 3   역시 우리 사이에서 명품 가방이란 유머를 위한 땔감에 불과하구나!

- -

어쩌면 내가 나를 가장 모를지도!

내 돈 주고 먹어야 하는 고기란

✦ · ✦ · ✦

보통사람들의 고기 식사 심리를 보면, 내 돈 쓸 때는 오리고기를 먹고 더치페이할 때는 돼지고기를 먹으며, 딴 사람이 사줄 때는 소고기를 먹는다.

여기서 알아야 할 점은 오리고기의 기름은 소고기나 돼지고기의 포화지방산* 기름이 아니라, 불포화지방산**이라서 혈청 콜레스테롤***을 낮추는 데 좋은 효과를 가졌기 때문에 내 돈 주고서라도 사 먹어야 한다는 것이다.

* 포화지방은 녹는점이 높고 실온에서 보통 고체 형태이며, 동물성 지방에 많이 함유되어 있습니다. 포화지방을 과다 섭취할 경우 혈액 내 콜레스테롤 수치를 높여 심혈관 질환 등의 건강문제를 유발할 수 있어 섭취에 주의가 필요합니다.
** 불포화지방산은 우리 몸의 세포막을 구성하며 콜레스테롤 수치 개선에 도움을 주고, 혈관 질환을 예방하는 효능이 있으며, 면역력 증가, 성인병 예방, 노화 방지 등도 도와준다고 알려져 있습니다.
*** 혈청 콜레스테롤은 혈액 내 콜레스테롤 농도를 나타내는 지표로서, 일반적으로 200mg/dL 이하를 정상 범위로 간주합니다.

Episode

친구 1   그런데 오늘 뭐 먹을 거야?

친구 2   아무거나!

친구 3   난 너희들 가는 데로!

친구 4   먹고 싶은 거 있는 사람이 알아서 정해.

친구 5   그럼 우리 둘이 정할 테니까, 딴말하지 마!

친구 6   우리 오리고기 먹으러 가자!

친구 2   헐! N빵 할 땐 삼겹살 아냐?

친구 5   우리가 오래 살려면 콜레스테롤 수치를 낮춰야 하니까, 딴말하지
         말고 먹어!

어쩌면 내가 나를 가장 모를지도!

'만약'이라는 생각 조절 방법

✦ · ✦ · ✦

힘들고 어려울 때 머릿속에 떠오르는 '만약'이라는 생각은 사람을 더 깊은 함정 속으로 빠지게 만듦과 동시에 희망과 멀어지게 만들어 끊임없이 지치게 만든다.

그러니까, 좋을 때 더 좋은 걸 생각하는 '만약'이 아니라면 그냥 무시하거나 모른 척 도망치는 게 상책이다.

친구 1   (고개 숙이며) 만약에 엄마가 안 계시면 난 어떻게 하지?

　　　　너무 불안하고 무서워!

친구 2   (토닥토닥) 아빠가 입원하셨는데, 거기서 엄마가 왜 나와?

친구 3   맞아. 그 대목에서 엄마가 왜 나와? 🥺

친구 4   그놈의 '만약'. 신경 끄고 밥 먹자!

친구 5   '만약'도 좋은 일에만 꺼내서 사용해.

친구 6   이제부터 나쁠 때 '만약'은 왕따시키고 좋을 때 '만약'하고만 놀아!

- -

어쩌면 내가 나를 가장 모를지도!

Chapter 5

우리 모두를 위한 눈치

과거로부터 공격당하는 날

✦ · ✦ · ✦

때만 되면 돌이킬 수 없는 과거 때문에 힘겨워하는 사람을 보면 괴로우면서 화를 내거나 외로우면서 혼자 있고 싶다고 말한다.

그러니까, 돌이킬 수 없는 과거로부터 공격당하고 있는 사람이 옆에 있거든 섣불리 위로하기보다 혼자 있게 두거나 조용히 살피기만 하면 된다.

Episode

친구 1   그날 저녁에 무슨 일이었던 거야?

친구 2   아! 남편이 예민해지는 날이라서….

친구 3   무슨 말이야? 네 남편이 예민해지는 날이 있어?

친구 4   아~! 맞네! 그날이구나!

친구 5   뭐야? 너희들끼리만!

친구 2   아! 부모님 기일. 부모님 사고가 자신 탓이라고 생각하거든. 👀

친구 3   사연이 있었구나?

친구 2   응! 자기 잘못으로 가세가 기울었고, 그래서 그날 그런 사고가 났다
            고 생각해.

친구 6   그런데 이렇게 나와도 돼?

친구 2   이맘때가 되면 혼자 울고 싶다고, 나더러 나갔다 오라고 해.
            그래서 나온 거야.

사람의 마음을 얻는 방법

✦ · ✦ · ✦

사랑하는 사람에게 위험이 닥쳤을 때, 지는 싸움인데도 불구하고 보호하기 위해서 무작정 대응한다면 결과는 뻔할지언정 그 모습을 본 사람은 형언할 수 없는 감동을 받는다.

그러니까, 사랑하는 사람의 난감한 상황을 옆에서 봤다면 '어떻게 하지?'에 초점을 맞추지 말고 '일단, 해보자'라는 생각으로 도움의 손길부터 뻗어라. 그러면 생각지 못한 보상이 따를 것이다.

Episode

친구 1   왜 이렇게 그 사람에게 진심을 쏟는 거야?

친구 2   나도 못 버티는 엄마 잔소리를 4시간 동안 다 받아주더라고.

친구 3   감동받은 거야?

친구 2   응. 엄청! 너무 고마웠어. 사람이 다르게 보이더라!

친구 4   그래서 엄마가 유학 가래?

친구 2   아니, 안 된대! 절대로!

친구 5   어떡해? 괜찮아?

친구 2   응, 괜찮아. 이번 일로 그 사람을 얻었잖아.

            그리고 엄마가 유학은 안 되지만, 교제는 해도 된대!

친구 6   교제가 공식화된 거면 엄마도 좋게 보셨나 보네?

친구 2   응! 그런 거 같아! 나도 그 사람을 건진 거 같아서 너무 좋아!

인생을 화살에 비유하는 이유

✦ · ✦ · ✦

부모님으로부터 소환된 인생은 활시위를 떠난 화살과 같아서 세찬 바람에도 흔들림 없이 죽음이라는 과녁의 중심에 꽂히도록 정조준해야 한다.

왜냐면 과녁에 꽂힌 화살의 점수를 확인하러 모인 사람들에게 자칫, 충격과 실망을 안겨줄 수 있기 때문이다.

Episode

친구 1   어디 다녀오는 길이야?
친구 2   응! 큰아버지 돌아가셔서!

친구 3   그랬구나! 수고했어!
친구 2   그런데, 하루 종일 기분이 이상해.
          왠지, 착하게 똑바로 살아야 한다는 중압감 같은 게 생겼어!

친구 4   갑자기?
친구 2   응! 초상집에, 사람이 없더라고.

친구 5   에이! 그거야 그럴 수 있지!
          코로나19 이후부터는 부의금만 내는 분들도 많으니까!
친구 2   그 말이 아니라, 사촌 언니들이 아빠라고 생각 안 한다면서 장례식
          에도 안 왔더라고!

친구 6   아! 무슨 일 있나 보네! 아니면, 아빠 장례인데 안 올 이유가 없지!

- -

생각의 격차를 좁힌다는 것

✦ · ✦ · ✦

높은 곳에서 바라보는 산과 도시와 바다가 멋지고 예쁜 이유는 그 밑에서 일어나는 크고 작은 일들을 전혀 볼 수 없기 때문이다.

그래서 풍경을 즐기기 전에 절경일 수 있도록 밑에서 노력하는 사람이 있다는 것을 인지하는 게 매너이며, 그런 매너의 완성은 위에서 내려다보기만 하는 게 아니라 직접 밑으로 내려가서 살피며 챙기는 눈치를 가졌을 때를 말한다.

Episode

친구 1   오늘 기분 좋아 보인다?

친구 2   있잖아! 아빠가 설거지하고 남동생이 청소기를 돌리기 시작했어! 😆

친구 3   어쩐 일이래? 너희 아빠, 고지식하시잖아?

친구 4   그러게! 네 동생도 아빠 따라서 자기 방 청소도 안 한다며?

친구 2   응. 그런데, 얼마 전에 엄마가 3일 병원에 있었잖아?

         그러고 나서부터 달라졌어. 집이 항상 깨끗하다가 지저분하니까, 엄

         마의 고생을 알게 된 거지!

친구 5   그래서 아빠가 엄마 퇴원했는데도 계속하시는 거야?

친구 2   응. 이제부터 남자니까라는 고지식한 생각은 버리고 뭐든지 직접 하

         시겠대! 😆

친구 6   오! 이제 아빠가 왕좌에서 내려오시는 건가?

'하루살이'로부터 배운 교훈

✦ · ✦ · ✦

　사람들은 대부분 음식이 나오기 전에 날아다니는 '하루살이'를 보더라도 크게 신경 쓰지 않는다. 하지만, 하루살이가 음식에 빠지는 순간부터 찝찝한 마음이 듦과 동시에 빨리 잡지 않았음을 후회한다.

　즉, 아무리 사소한 존재일지라도 생각지 못한 사건의 원인이 될 수 있으니, 때늦은 후회를 하고 싶지 않다면 애당초 원인을 제거하는 게 맞다.

친구 1   저거 뭐지? 날파리? 하루살이?

친구 2   창문이 열려 있어서 그런가? 일단, 문부터 닫자!

친구 3   그런데, 자꾸 날아다니니까 좀 거슬린다. 빨리 잡는 게 어때?

친구 4   저기 음식 나오잖아. 그냥 두고 얼른 먹자! (숟가락을 든다)

친구 5   아! 씨!

친구 6   힐! 미역국이 하루살이 국이 됐다.

친구 3   그것 봐! 잡자니까!

친구 1   그러게! 설마 했는데, 하루살이가 미역국으로 다이빙할 줄 몰랐지!

친구 4   알았어. 알았어. 미안! 얼른 같이 잡자!

힘든 일을 겪은 사람에게 할 말

◆ · ◆ · ◆

사람이 무척 힘든 일을 겪고 나면 변했다고 말하는데, 그 의미는 성격이 못되게 변했거나 착해진 게 아니라, 다른 큰일이 또 닥쳤을 때 이겨낼 수 있다는 희망을 봤기 때문에 자신도 모르게 용감한 기운이 표출되는 것이다.

그러니까 그 사람의 변화에 대해서 이상하다고 말하지 말고 철이 들었다거나 든든해졌다는 식의 칭찬을 하는 게 맞다.

Episode

친구 1   야! 넌 애가 넘어졌는데, 혼을 내고 그러니?

친구 2   걱정돼서 그러지! 😡

친구 3   네가 화를 낸 게 사랑인 건 알겠는데, 그걸 아이도 알겠니?!

친구 2   후!

친구 4   아이가 넘어지거든 일으켜 세워서 울음이 그칠 때쯤, 눈을 똑바로 보고 말해줘.
"넘어지면 그냥 일어나면 돼! 그러면 넘어진 건 아무렇지 않은 거야" 라고….

친구 2   그게 다야?

친구 5   그래! 그렇게 하면 아이가 또 넘어지더라도 금세 일어나서 엄마한테 자랑할 거야!

친구 6   아! 아이가 넘어진 걸 대수롭지 않게 스스로 생각하게끔 하라는 거지?

사소한 깨달음이란

✦ · ✦ · ✦

사람이 한없이 못되게 변하는 이유는 간절한 바람의 탈을 쓴 소유욕이나 가벼운 기대감이라고 포장한 기대욕 때문이다.

그래서 순수하다고 착각하는 바람이나 무구하다*고 착각하는 기대감을 내려놓는 순간, 마음이 편해지는 건 물론이고 뜬금없이 바라던 바가 이뤄지면 행복의 크기마저 더 커지게 되는 것이다.

＊ 때가 묻지 않고 맑고 깨끗하다
  또는 꾸밈없이 자연 그대로 순박하다는 뜻을 가진 형용사입니다.

친구 1　와! 얼굴이 반짝거리네? 뭐니?

친구 2　헐~! 원래 후광 있거든!?

친구 3　어쩐 일이야? 농담까지 날리고.

친구 2　오늘 내가 뭔가를 깨달았더니, 이렇게 즐겁네!? 😄

친구 4　그게 뭔데?

친구 2　아! 회사에서 공짜 여행 티켓이 나왔는데, 그걸 내 밑에 직원이 탔거든? 그런데, 그때부터 점점 짜증이 나더니, 열도 받고 화도 나더라고!

친구 5　아! 그럴 수 있지! 그래서 지금은?

친구 2　아까 양치할 때 거울보다가 깨달은 게 있는데, 그래서 그런지 좀 쪽팔리네! 😄

친구 6　그게 뭔데?

친구 2　아! 어느새 내가 욕심의 민낯을 바람이니, 기대감이니 하면서 포장했었다는 거!

- -

우리 모두를 위한 눈치

표정을 관리하는 방법

✦ · ✦ · ✦

사람은 마음이 편하면 불편함 앞에서도 여유롭게 표정 관리가 되지만, 조금이라도 불편하면 표정 관리가 매끄럽지 못하다.

그러니까, 불편함이 조금이라도 느껴진다면 늦기 전에 하던 말을 멈추고 미소를 머금은 채, 자리를 피해서 자신의 기분부터 살펴야 한다.

Episode

친구 1   왜 이렇게 표정이 굳었어?

친구 2   내가?

친구 3   무표정보다 어두워!

친구 2   아닌데? 왜? 그렇게 보여?

친구 4   감추려고 하지 말고, 말해! 불편한 게 뭔데?

친구 2   사실은 집에서 나올 때 아빠랑 다투고 나왔더니, 너무 심란해!

         나, 화장실 좀 갔다 올게!

친구 5   같이 가줄까?

친구 2   아니, 괜찮아. 고마워! (자리를 뜬다)

친구 6   오늘 많이 심란한가 본데, 화장실 다녀오면 자리 옮기자!

우리 모두를 위한 눈치

좋은 친구와 눈치 빠른 친구

✦ · ✦ · ✦

사랑이 깨져서 헤어졌음을 인정하는 순간, 눈물이 치밀어 오르는 슬픔과 목이 조이는 통증이 찾아오는데, 이러한 감정을 제3자에게 털어놓으면 어느새 아픈 정도가 줄어드는 것을 알 수 있다.

그래서 갓 이별한 친구에게 좋은 친구란 경청해주는 친구고, 갓 이별한 친구에게 눈치 빠른 친구란 새 애인을 소개하는 친구다.

친구 1   또또 멍 때린다!

친구 2

친구 3   이제 이틀밖에 안 됐으니까, 힘들 수 있어. 이해해! (토닥토닥)

친구 4   우리가 뭘 해줄까? 좋은 친구라고 말만 했지, 도움을 못 주고 있
         네!?

친구 2   지금까지 내 얘기 들어주고 있었잖아. 그걸로도 충분해! 고마워!

친구 5   우리는 좋은 친구긴 한데, 눈치 빠른 친구는 아냐!
         좀 있어 봐! 눈치 빠른 친구가 올 거야!

친구 2   그게 무슨 뚱딴지같은 말이야?

친구 5   눈치 빠른 친구 저기 왔다!

친구 6   하이! 다들 있었네? 자리 옮기자. 얼른! 미팅 잡아놨어.

241

가까워지기 힘든 사람을 대하는 방법

✦ · ✦ · ✦

비즈니스의 기본은 상대방이 듣고 싶은 말과 행동을 먼저 함으로써 상대로 하여금 나를 긍정적으로 신뢰하게 만든 다음, 결국 내가 듣고 싶은 말을 듣는 것이다.

그러니까, 가까워지기 힘든 사람일수록 '비즈니스 중이다'라는 생각으로 다가가면 생각보다 쉽게 가까워질 수 있다.

친구 1   진짜 타고난 것 같아!

친구 2   뭘?

친구 3   맞아! 타고난 거!

친구 2   야! 뭘 타고났다는 거냐고?

친구 4   네 성격 말이야!

친구 5   그래~! 넌 얻는 것도 없는데, 친구들 말이면 다 들어주려 하잖아!

친구 6   맞아! 그뿐이니? 뭐든 도와주려 하면서 그 어떤 요구도 없잖아!

          비결이 뭐야?

친구 2   아! 대인관계를 비즈니스처럼 하면 돼!

친구 1   네 말대로라면 비즈니스는 이득이 있어야 되는데, 너한테 이득이 있

          어?

친구 2   왜 없어? 너희들 있잖아! 난 너희 자체가 이득이라고 생각해!

상처에 민감한 사람의 버릇

✦ · ✦ · ✦

상처받는 걸 두려워하는 사람은 상대가 보이는 호의보다 조금이라도 작게 표현해서 손해 보는 느낌을 느끼지 않으려 한다.

그리고 상대가 내게 보이는 적의에 대해서는 더 크게 받아들이기 때문에 상대를 향해 마음을 쏠라치면 깐깐하게 견주면서 짜게 군다.

왜냐면, 항상 자신을 보호하기 위해서 상대방의 반응부터 민감하게 확인하는 버릇 때문이다.

친구 1   넌 왜 맘에도 없는 말을 그렇게 못되게 하냐?

친구 2   내가 뭘 그랬다고 그래?

친구 3   으이구! 내가 봐도 좀 지나친 거 같아!

친구 2   내가 뭘? (자릴 박차고 나간다)

친구 4   야~ 어디 가? 그리고 너희들도 그만 좀 해!

친구 5   여기서 쟤 성격 모르는 사람 없잖아?

친구 6   그래. 맞아!

         자기 보호 본능 쩌는 성격인 거, 다 아니까, 그냥 봐줘!

목적 달성을 위해서 필요한 것

✦ · ✦ · ✦

목적 달성이 어렵다고 말하는 사람들의 생각을 들여다보면 주변의 모든 조건을 만족시키는 것은 물론이고 자신의 목적까지 달성하려 한다. 그것이 욕심이라는 것도 모른 채.

그러니까, 목적 달성을 위해서는 무책임의 끝판왕이라는 막말 정도는 가뿐하게 외면할 수 있는 각오와 배짱부터 휴대해야 한다.

친구 1 　난 이제부터 남자도 만나고 운동도 하고 자격증도 따려고….

친구 2 　진짜?

친구 3 　그런 걸 한 번에 모두 하려면 부모님 댁에서 신세를 계속 져야 할 텐데? 아냐?

친구 4 　각오는 한 거지?

친구 1 　흠! 그게 고민이야. ̂o ̑̂o

친구 5 　뭐야? 욕먹고 눈치 보는 거, 자신 없어?

친구 6 　왜? 목적도 달성하고 싶고, 주변도 챙겨야겠어?
　　　　 그건 욕심인 거 알지?

진척 없는 고민에 대한 현답

✦ · ✦ · ✦

진척 없이 고민으로 시간만 보내는 사람에게 쌓여가는 건 불안감과 울화통이고 멀어지는 건 사람들이다.

그러니까, 손해라는 옆구리를 가격당하거나 욕이라는 치명타에 쓰러지지 않을 준비부터 먼저 하고 격렬하게 고민해라. 그러면 고민의 시간은 짧아지고 사람들은 멀어지지 않을 것이다.

친구 1 안 나온대?

친구 2 전화 안 했는데?

친구 3 어제 내가 나오냐고 물었는데, 아직 일이 해결 안 돼서 모르겠다더라고!

친구 4 아직도 고민 중이래?

결국 욕도 먹기 싫고 손해도 못 보겠다는 거잖아? 그냥, 욕먹고 조금 손해 보고 다른 데 신경 쓰는 게 나을 텐데!

친구 5 그러니까, 한마디로 답은 정해져 있는데, 각오가 안 된 거네!

그럼 그냥 둬!

친구 6 당분간 못 보겠네. 손해도 안 보고 욕도 안 먹는 방법은 없으니까.

친구 1 솔직히 여기 나와서 고민하는 모습 보는 것보다 당분간 만나지 않는게 더 나을 수도 있어.

친구 2 맞아. 무거운 모습 보는 것도 한두 번이지.

볼 때마다 그러니까, 좀 그렇긴 해!

우리 모두를 위한 눈치

잘나가는 사람 옆에 존재하는 이들

◆ · ◆ · ◆

잘나가는 사람 주변에는 손쉽게 편승할 기회를 엿보는 인간과 기생해서 혜택을 만끽하려는 인간 또는 뒤에서 욕은 하면서도 현재의 조건에서 벗어나지 않고 만족하는 인간 그리고 틈만 있으면 앞지를 기회를 엿보는 인간들이 있다.

그래서 사람을 곁에 두려거든 실력을 먼저 보되, 예절은 처음부터 끝까지 봐야 하는 것이다.

친구 1   어떻게 하면 괜찮은 사람들을 주변에 많이 둘 수 있는 거니?

친구 2   잉? 뭐지? 네 옆에 있는 우리가 별로라는 말처럼 들린다?

친구 1   (손사래 친다) 아니, 너희 같은 친구들이 더 많으면 좋겠다는 거지!

친구 3   그런데, 갑자기 왜?

친구 1   요즘, 이상하게 친한 척하는 사람들이 부쩍 많아진 것 같아서!

친구 4   아~ 주변 사람들이 미덥지 않아서 그러는구나?

친구 5   원래 갑자기 잘나가면 의심이 커지는 법이지!

친구 6   나 같으면 실력이 있는지를 먼저 보고 직장 예절을 갖췄는지를 확인
         하겠어. 내 경험으로는 그게 비즈니스에서 제일 중요한 것 같아.

친구 2   좋긴 한데, 실력과 예절까지 갖추려면 가정교육부터 잘 받아야 하는
         데….

친구 6   그렇지, 적어도 나 같은 사람을 말하는 거니까. 친구야? 나 어때?
         (크게 웃는다)

상어와 성공한 사람의 공통점

✦ · ✦ · ✦

선천적으로 부레가 없는 상어는 바다 밑으로 가라앉지 않기 위해서 한순간도 움직임을 멈추지 않고 사는 연골어류로서 상어의 쉬지 않는 활동성은 강력한 포식자가 될 수 있게 만든다.

그러니까 성공을 꿈꾼다면, 평생을 쉬지 않고 헤엄쳐야 물밑으로 가라앉지 않는 상어처럼 게으름을 멀리하고 부지런함을 가까이하면 된다.

친구 1   어쩌니? 그동안 그렇게 치열하고 바쁘게 지냈는데….

친구 2   노력만큼 일이 안 풀려서 힘들지?

친구 3   후! 👀

친구 4   그러게! 나 같아도 힘 빠지겠다.

친구 5   맞아! 나 같으면 화나고 허무할 것 같아!

친구 3   다들 고마워! 👀

친구 6   내가 봐도 넌, 쉬지 않고 살았다고 생각되거든!

          그런데 결과가 너무하다!

친구 1   결과는 아쉽지만, 너니까 걱정 안 해!

친구 3   왜 내가 걱정이 안 돼?

친구 1   아! 쉬지 않고 매일을 하루같이 달리는 걸 보면 넌 상어 같거든!

          그래서 걱정이 안 돼!

요구가 관철 안 될 때 해야 하는 것

✦ · ✦ · ✦

상대방이 내 요구를 들어주지 않아서 짜증스럽거든, 미워하기 전에 내 설명이 본질을 피력*하는 설명이기보다 겉으로 드러나 보이는 표피 현상에 집중한 겉핥기식 주장이 아니었는지부터 점검해라.

그런 다음 상대방의 눈으로 봤을 때, 어떤 점이 모자라거나 아쉬워서 거절당했는지를 찾아 수정 후 다시 설득해라.

---

* 피력(披瀝)은 어떤 의견이나 주장을 펴서 밝히는 것을 의미하는 한자어입니다.

Episode

친구 1   어때? 내 말뜻, 이해했지?

친구 2   그러니까 그게… 음… 쩝!

친구 3   뭐야? 안다는 거야? 모른다는 거야?

친구 4   솔직히 난 뭔지 잘 모르겠어.

친구 5   아~! 다행이다. 나만 모르는 줄 알았네!?

친구 1   뭐야? 다들?

친구 6   좀 다른 방식으로 설명해주면 좋겠어. 좀 어렵게 들려.

        네가 우리라고 생각하고 말해줄래?

몰래 상대방 휴대폰을 보기 전 인지 사항

✦ · ✦ · ✦

상대방 휴대폰을 몰래 확인하는 사람들은 상대의 부정한 뭔가를 시도조차 못 하도록 미리 예방하거나, 이미 다른 마음을 품고 있는 위선자일 경우 시간과 감정을 낭비하지 않겠다는 속셈으로 스파이 영화 정도는 찍어도 된다고 자신을 정당화한다.

그런데 그렇게 선을 넘는 행동을 할 때는 상대를 잃을 각오와 불안 감옥에서 의심병을 앓아도 무관하다는 결심부터 해야 한다.

친구 1   그걸 왜 봐?

친구 2   안 보려고 했는데, 그게 잘 안 돼!

친구 3   보고 나면 속이 후련해?

친구 2   후련함보다 미안함이 섞인 불안감?

친구 4   그러면 됐어! 미안할 짓 했으니까, 더 잘해줘!

친구 5   아무튼, 이제부터는 그러지 말고 직접 물어봐!

친구 2   응! 폰을 몰래 본다는 게, 기분을 이상하게 만들긴 하더라!

친구 6   그리고 그런 행위를 하기 시작하면, 의심병 앓다가 손까지 떨어!
          조심해!

우리 모두를 위한 눈치

가진 자와 못 가진 자의 입장 차이

✦ · ✦ · ✦

　가진 자 주제에 가지지 못한 자 앞에서 과자 부스러기 같은 사소한 기억 따위를 힘들었던 척하면서 떠들지 마라.

　왜냐면 가진 자가 말하는 힘들었던 시간이 진실이라 해도 못 가진 자의 생각으로는 가진 자의 여유로밖에 안 보이기 때문에 주먹 키스를 날리고 싶어하기 때문이다.

Episode

친구 1   편의점 알바 때문에 저녁만 되면 목이 뻐근하고 다리도 붓네.

친구 2   난 그때 생각해보면 담배 이름 외우는 게 너무 힘들더라!

친구 3   난 있잖아! 공무원이 옛날 얘기하면서 감성 팔면 때리고 싶더라?

친구 4   그러고 보니, 여유를 어필하는 것같이 들리네?

친구 5   그런 걸 전문용어로 자랑질이라고 하지!

친구 6   그만! 너희들이 알아야 할 게 있어!

친구 3   그게 뭔데?

친구 6   오늘 밥값 낼 사람이라는 거!

안 하느니만 못한 생각

✦ · ✦ · ✦

"세상 어디에도 조건 없이 나를 사랑하는 생명체는 없다"라고 생각한다면 여름마다 격하게 달려드는 모기를 무시하는 처사*임과 동시에 자존감만 깎아먹는 생각이다.

즉, 내가 모를 뿐 세상에는 조건 없이 나를 미워하는 생명체도 있고 조건 없이 나를 좋아하는 생명체도 있으니, 돈 안 되는 편협한 생각은 안 한 것만 못하다.

＊ 처사(處事)란 일을 처리하는 방식이나 태도를 의미합니다.

Episode

친구 1   요즘 주변에 내 편이 없는 것 같아서 너무 외로워! 👀

친구 2   야~! 옆에 있는 나는 뭐니?

친구 3   그러게! 난 공기인가?

친구 1   아니 그런 게 아니라, 너희들한테서 연락이 없으니까, 서운해서 그런
         거지!

친구 4   헐! 넌 폰이 부서지길 했어? 손가락이 부러지길 했냐?

친구 1   미안! 내가 말을 잘못한 것 같아!

친구 5   그리고, 우리 단체 톡으로 연락하는 사이거든?
         넌 거기에 있는 친구고!

친구 6   너 폰 열어봐! 네가 오히려 우리 모두 왕따시킨 거 아냐?

- -

꼰대가 배워야 하는 매너

✦ · ✦ · ✦

　어른이나 직장 상사 또는 선배라는 우위적 위치에서 해주는 조언은 아무리 좋은 취지라 할지라도 집착적인 의미 부여와 끝없는 비유로 질리게 만드는 잔소리로 치부될 수 있다.

　왜냐면 때와 장소에 맞지 않음과 동시에 그들이 원하지 않기 때문이다. 그러니까 꼰대라는 말을 듣지 않으려면 묻지 않는 것에 대한 섣부른 조언은 삼가라.

Episode

친구 1   어제 엄청 흥분했던데, 왜 그랬었어?

친구 2   때리고 싶은 사람이 있어서. ◉ㅇ◉

친구 3   무슨 일 있었어? 왜 그래?

친구 2   뭔가를 가르쳐주더라도 때와 장소라는 게 있는데…

그 타이밍을 몰라!

친구 4   누가?

친구 2   회사 사장님 말이야!

친구 5   맞아! 도움 되는 말도 한두 번이지. 볼 때마다 그러면… 후~ (고개

를 흔든다)

친구 6   그건 그래! 도움 되는 것도 있지만, 이미 알고 있는 것도 있는데 말이

야!

인간이니까, 실수하면 안 되는 이유

✦ · ✦ · ✦

　인간은 당연히 실수를 할 수 있는 동물이기 때문에 한 번은 물론이고 두 번, 세 번 반복해도 괜찮다.

　하지만, 반복되는 실수를 계속해서 봐줄 수 있는 사람은 없으니, 무인도에서 생활하는 게 괜찮다면 계속 실수하며 막 살아도 된다.

친구 1   (작은 목소리로) 얘들아! 저 둘은 왜 저래?

친구 2   한 명은 삐졌고 다른 한 명은 삐진 거 풀어주는 중이야!

친구 3   무슨 일 있어?

친구 4   며칠 전 약속을 했었나 본데, 30분이나 늦게 나왔나 봐!

친구 5   흠! 약속 시간 안 지키는 게 습관인 사람은 어떻게 하면 좋을까?

친구 6   그런 사람과는 시간 약속은 하지 말고, 약속 장소만 알려주면 돼!

찐친의 슬픈 소식을 접한 친구의 마음

✦ · ✦ · ✦

슬픈 소식을 접한 지인들은 짧은 경계심을 시작으로 시간이 지나면서 서서히 안도감을 느낀다.

그런데 정말 가까운 사람은 짧은 경계심과 안도감을 지나 그 상처와 충격의 대상이 자기가 아닌 것에 대해서 미안함까지 느낀다.

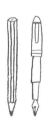

Episode

친구 1   넌 오늘 왜 이렇게 가라앉은 거야?

친구 2   아. 친구 소식 듣고 나니까, 뭔지 모르게 미안해서!

친구 3   그 친구한테 잘못한 게 있는 거야?

친구 2   아니, 잘못할 게 뭐 있어?!

친구 4   그런데 왜 네가 미안해?

친구 2   친구가 힘들어하는 걸 보니까, 뭔가 좀 그러네!

친구 5   네가 착해서 그런 거야.

친구 6   아마도, 안도감에 대한 미안함일 거야. 나도 느껴본 적 있거든!

진심 어린 부탁 앞에서 해야 하는 행동

✦ · ✦ · ✦

착한 사람들은 힘겨운 난관과 마음 짠해지는 사연으로 만들어진 종합 슬픔 세트를 받고 나면 어느새 진실이라면서 자신을 설득해서 믿어버린다.

그래서 말인데, 가까운 사람들 중 눈물, 콧물은 물론이고 입술과 손까지 떨어가면서 돈을 빌려달라고 하거든 진심으로 이야기는 들어주되 표정 관리는 하고 공감은 하되 여지를 남겨주지는 마라.

친구 1   엄마가 그러는데, 밖에서 만나는 사람한테는 돈 빌려주는 거 아니래.

친구 2   맞아, 울 엄마도 그랬어. 특히, 사연이 슬플수록 더 귀를 닫으래.

친구 3   엄마가 진짜 엄청 현명하시구나? 👀

친구 4   그런데, 네 말투와 시선이 왜 그래? 돈 거래한 적 있어?

친구 5   뭐야? 진짠가 보네?

친구 6   그러면 질문을 바꿔서… 돈 못 받은 거 있어?

친구 3   후~! 👀

실패를 말할 때 주의할 점

✦ · ✦ · ✦

실패를 말할 때는 실패라고 느낀 과거의 시점을 기준으로 앞뒤로 복잡하게 연결된 많은 사건과 진행 과정들을 분리해서 단독으로 말하면 안 된다.

왜냐면 그 실패도 지금까지 성공을 위해 달리고 있었던 시간 중 벌어진 한 가지 사건에 불과할 뿐인데도 실패를 단독으로 말하면 사람들이 실패자처럼 생각할 수 있기 때문이다.

Episode

친구 1   난 지금 충분히 좋은데, 날 실패자로 보더라.

친구 2   어떤 인간이 널 그렇게 봐?

친구 1   옛날 이야기하다가 힘든 시절 이야기를 하는데, 날 그렇게 보더라
        고.

친구 3   너 혹시, 그 독일 속담 아니?

친구 4   잉? 갑자기 무슨 속담?

친구 5   아! 그 "타인의 실패보다 더 큰 기쁨은 없다"라는 그 말?

친구 6   딱 그 말이네! 너의 힘든 시절을 이야기하면서 즐거워하는 거!

친구 4   그런 의미라면 그 친구 버리면 되겠다?!

친구 5   그런데, 너 혹시, 스스로를 더 극적으로 만들려고 실패한 부분만 부
        각해서 말한 거 아냐?

대화 중 찾아오는 정적 대처법

✦ · ✦ · ✦

사람들과 함께 있는 자리에서 갑자기 흐르는 정적이 길어져 불편함을 느낄 때, 그 불편하고 뻘쭘한 시간을 자신이 책임져야 하는 과제처럼 생각하지 마라.

그런 정적은 애당초 책임질 사람이 아무도 없는 자연스러운 타이밍의 문제니까, 정적이 깨질 때까지 그냥 내버려 둘 줄 아는 느긋함만 가지면 된다.

Episode

친구 1   음! 뭐지?

친구 2   뭐가?

친구 3   뭐긴 뭐야? 다들 집에 갔어?

친구 4   야! 넌 폰 좀 그만 봐!

친구 5   내가 뭘? 시간 본 거야!

친구 6   그러면, 갑자기 흐르는 정적은 누구 책임이야?

친구 1   책임은 무슨! 그냥 우연한 타이밍이지?!

친구 2   지금부터 폰 보는 사람 벌금. 어때?

믿는 관계일수록 지켜야 하는 매너

✦ · ✦ · ✦

　당연히 믿어줄 거라 생각했던 사람이 자신을 믿어주지 않거나, 자신을 철썩같이 믿어주는 사람에게 거짓말을 해야 할 상황이 찾아오면 반사신경처럼 화를 내는 사람들이 많다.

　여기서 알아야 할 건, 나를 믿어주는 사람에게 부득이 감추거나 속여야 할 때는 미안함에 쩐 짜증이나 성질을 내기보다 "실망시켜 미안하다"는 간결한 사과를 빨리 하는 게 맞다.

Episode

친구 1   난 아직도 그놈 때문에 엄마한테 거짓말을 하고 있어.

친구 2   무슨 거짓말을 하고 있다는 거야?

친구 1   엄마가 힘겹게 몇 달간 모아서 주신 내 노트북 살 돈!

친구 3   그 돈이 왜?

친구 1   그 돈으로 그놈 생일 선물을 사줬거든!

친구 4   흠! 일단, 엄마한테는 계속해서 거짓말을 해야겠네!

친구 1   그런데 오늘 엄마가 노트북을 묻길래 엄청 짜증만 냈어.

친구 5   (토닥토닥)

친구 6   화는 자신한테 났는데, 엄마한테 화를 냈구나.

우리 모두를 위한 눈치

사랑을 얻을 수 있는 확률 높은 말재주

✦ · ✦ · ✦

이성의 마음을 얻고 싶다면 내 기준에서 말하지 말고, 듣는 사람에게 주도권을 주는 말을 해라.

예를 들면 사랑 고백을 할 때, "당신은 나를 행복하게 만드는 사람이야"보다는 "내가 당신을 행복하게 만들 수 있는 기회를 줘"라고 말하는 게 상대방에게 주도권을 가지게 하는 느낌과 더불어 간절함을 극대화시키기 때문에 마음을 움직이는 데 도움이 된다.

Episode

친구 1   넌 어떤 남자가 좋아?

친구 2   난 나만 사랑해주는 남자가 좋아.

친구 3   넌 능력이나 돈보다 사랑해주는 마음이 중요한가 보네?

친구 4   속물인 줄 알았더니, 순수하고 이쁜 생각을 가졌다!

친구 5   넌 어떤 남자가 좋은데?

친구 6   난 말을 이쁘게 할 줄 아는 남자.

친구 1   오~ 나도! 말을 이쁘게 할 줄 아는 남자가 훨씬 좋더라.

우리 모두를 위한 눈치

거슬리는 것을 처음 발견했을 땐 이렇게

✦ · ✦ · ✦

거슬리는 점을 처음 발견했을 때부터 마음은 무엇을 해야 할지 알아버리기 때문에 우연히 알게 된 또 다른 작은 거슬림은 민감한 의심이 되면서 어느새 필연이라는 생각으로 바뀐다.

그러니까 우연이라고 넘기기 껄끄러운 거슬림은 시간이 지나도 꺼림칙하기 때문에 거슬림을 처음 느꼈을 때부터 관심을 가지고 정리하는 게 맞다.

친구 1   이상하다는 느낌은 있었는데, 설마 했거든?

친구 2   거슬리는 뭔가가 있었다는 거야?

친구 3   왜? 여자 생긴 것 같아?

친구 1   그런 거 같아.

친구 4   이상한 느낌을 처음 받았을 때가 언제야?

친구 1   두 달 정도 된 것 같아.

친구 5   넌 그때 네 촉을 애써 무시했구나?

친구 6   그러게! 그때 네 촉에 거슬렸다면 그때 해결했어야 했는데….

         아무튼, 지금이라도 정리를 어떻게 할지 생각하는 게 낫겠다!

친구 2   맞아! 한 번 거슬린 건 시간이 지나도 계속 거슬리니까!

순식간에 친해졌을 때 염두에 둘 점

✦ · ✦ · ✦

순식간에 친한 사이로 발전하는 사람들을 보면 편하다는 느낌이 급속도로 커지면서 허물없는 관계를 지나 많은 걸 공유하는 관계로 발전하지만, 쉽게 헤어질 수 있다는 것을 염두에 둬라.

왜냐면 정(情)이 생기기도 전에 친해지다 보니, 최소한의 간격 유지와 지켜야 할 선이 희미해서 순식간에 '손절'이라는 결론이 찾아와도 감정 동요가 없기 때문이다.

Episode

친구 1   이제 화 좀 가라앉았어?

친구 2   왜? 화났었어?

친구 3   친구한테 부담스럽다는 말을 들었대!

친구 4   누구한테 들었는데, 그래?

친구 5   그 왜… 같은 동네 살고 취미도 같아서 자주 만난다던 그 친구 있잖
          아!

친구 6   통하는 게 많아서 좋다더니, 시시콜콜한 것까지 다 공유한 거 아냐?

친구 1   너무 빠르게 친해진다 싶을 땐 선을 더 칼같이 지켜야 되는데….

사랑싸움 할 때 필요한 가이드

+ · + · +

남녀 사이에 어느 일방이 상대를 더 많이 좋아한다고 해서 그 마음이 고통에 강하거나 상처에 내성이 있는 게 아니다.

그러니까, 이별을 볼모로 다툴 때마다 무기처럼 휘둘러서 이기려 하지 마라. 그건 꺼질 수 있는 불씨에 기름을 붓는 꼴이기 때문에 다툴 때는 본질만 가지고 싸우되 말꼬리는 잡지 말고 요점만으로 공격은 하되 감정은 억제해라.

Episode

친구 1   얼마 전에도 싸웠다더니, 그새 또 싸웠다고?

친구 2   그러게! 막 부럽고 샘나네! 😆

친구 3   그만하지. 장난치는 거 아니거든. 🥺

친구 4   그런데, 이번엔 분위기가 심상찮아 보인다?

친구 5   왜 싸운 거야?

친구 3   싸울 때마다 헤어지자고 말을 해서, 이번엔 헤어지자고 내가 말했어.

친구 6   와우! 네가 지금까지 한 결정 중에 제일 잘한 결정인 것 같다. 축하해!

친구 2   맞아! 친구로서 너의 이별을 진심으로 응원해. 잘했어. 정말!

우리 모두를 위한 눈치

타인의 소유물을 취하기 전 확인할 점

✦ · ✦ · ✦

똑같은 것을 잃었지만 가진 하나가 전부인 사람과 가진 것이 여러 개인 사람의 차이는, 하나밖에 없기 때문에 끝이라고 생각하느냐와 여유가 있기 때문에 괜찮다고 생각하느냐의 문제다.

그러니까 지금 상대에게 취하려는 게 상대에게 남은 마지막 하나를 가져오는 것인지 아닌지를 확인하는 게 중요하다.

친구 1 이럴 때일수록 정신을 차려야 해!

친구 2 일하는 데 필요한 장비까지 다 가져갔어. 나 이제 어떡하지?

　　　　내게 남은 마지막 장비였는데, 일하는 게 막막하다. 후!

친구 3 그 인간이 널 골탕 먹이려고 그랬나 보네! 기가 막힌다! 😠

친구 4 그게 있어야 뭐라도 한다는 거지?

친구 2 응. 그게 없으면… 막연해. 뭘 해야 할지 모르겠어.

친구 5 걱정 마. 네 생일 선물 좀 당겨서 준다고 생각하고 주문해줄게.

친구 6 뭐가 됐든 너의 마지막은 그 장비가 아니라, 친구들이란 것만 기억

　　　　해!

친구 1 그래. 그러니까 넌 아무 생각하지 말고 일에만 집중해!

우리 모두를 위한 눈치

에필로그

눈치에 관한 글은 썼지만 저도 누군가의 눈에는 눈치 없는 인간일 수 있습니다. 하지만 스스로는 눈치껏 살고 있다고 믿습니다. 비록 북극의 모래만큼일지라도 말이지요.

아무튼, 눈치 없는 사람일 수도 있는 제가 모자란 눈치를 채우기 위해 직간접적 경험을 글로 메모하기 시작하다 보니, 어느새 분량이 늘어 《눈치학개론》이라는 책으로까지 담아내게 되었습니다.

그리고 글을 쓰면서 제가 인지한 '눈치'란, 사소한 순간순간의 언행에 대해서 내 의지와 상관없이 타인에게 평가되는 요소라는 것입니다. 예를 들어 나의 언행이 의도와 상관없이 누군가에게 좋은 느낌을 줬다면 눈치 빠른 사람으로 평가된 것이고 반대라면 눈치 없는 사람으로 평가된 것일 테니까요.

따라서 눈치는 조심스러움일 수도 있고 무모함일 수도 있으며, 침묵일 수도 있고 명랑한 대화일 수도 있으며, 주눅듦일 수도 있고 대담함일 수도 있으며, 신중함일 수도 있고 경솔함일 수도 있습니다. 그래서 저는 눈치를 '때와 장소에 맞게'라고 표현하기도 합니다.

지금 적고 있는 에필로그조차 눈치껏 적고 있는 것인지, 자문해봅니다. 과연 때와 장소에 맞게 적절한 분량으로 또는 에필로그답게 적고 있는지 말이지요.

결국, 눈치에 대해 글을 쓴 저조차 눈치에 대해서 명확하게 표현할 수 있는 말을 아직은 제대로 찾아내지 못했습니다. 다만, 눈치는 정답이 아니라 해답을 찾는 과정이 아닐까 정도로 가늠해봅니다.

글을 마치며, 책 출간까지 출판사 관계자분들의 직간접적인 도움은 물론이고 영감을 준 모든 이들에게 진심으로 감사의 말씀을 전합니다.

부디 이 책을 읽는 동안 독자분들의 고개가 미세하게나마 끄덕여졌으면 좋겠다는 간절한 바람입니다.

감사합니다.

눈치학개론

초판 1쇄 발행 2024년 9월 13일

지은이 나혼마
발행인 김시경
발행처 M31

ⓒ 2024, 나혼마

출판등록 제2017-000079호 (2017년 12월 11일)
주소 경기도 김포시 김포한강2로 11, 109-1502
전화 070-7695-2044
팩스 070-7655-2044
전자우편 ufo2044@gmail.com

ISBN 979-11-91095-17-3 03190